何造中解读江恩理论系列丛书

江恩

理论终极运用 实战中国股市

何造中◎著

SPM
南方出版传媒
广东经济出版社
·广州·

图书在版编目（CIP）数据

江恩理论终极运用－实战中国股市/ 何造中著. —广州：广东经济出版社，2016. 2
（何造中解读洪恩理论系列丛书）
ISBN 978－7－5454－4098－0

Ⅰ. ①江… Ⅱ. ①何… Ⅲ. ①股票投资－基本知识 Ⅳ. ①F830. 91

中国版本图书馆 CIP 数据核字（2015）第 123145 号

出 版 人：姚丹林
责任编辑：王成刚
责任技编：许伟斌

出版发行	广东经济出版社（广州市环市东路水荫路 11 号 11～12 楼）
经销	全国新华书店
印刷	广东新华印刷有限公司（广东省佛山市南海区盐步河东中心路）
开本	787 毫米×1092 毫米 1/16
印张	12. 25
字数	181 000 字
版次	2016 年 2 月第 1 版
印次	2016 年 2 月第 1 次
印数	1～4 000 册
书号	ISBN 978－7－5454－4098－0
定价	32. 00 元

发行部地址：广州市环市东路水荫路 11 号 11 楼
电话：（020）38306055 37601950 邮政编码：510075
邮购地址：广州市环市东路水荫路 11 号 11 楼
电话：（020）37601950 营销网址：**http://www. gebook. com**
广东经济出版社新浪官方微博：**http://e. weibo. com/gebook**
广东经济出版社常年法律顾问：何剑桥律师

总 序

真正的理论在世界上只有一种，就是从客观实际中抽出来又在客观实际中得到了证明的理论。

——毛泽东

从我1997年在香港《每周财经动向》（全球出版发行）开辟专栏，发表了一系列江恩理论与内地股市案例分析的文章，到1998年应邀开始在国内专业性杂志《股市动态分析》撰写解读江恩理论的系列连载，至今已十年有余。可谓“十年磨一剑，霜刃未曾试。今日把示君，只为股民事!”

在我十多年的投资生涯中，时常想到江恩的一句忠告：“要想在股票交易中获利，就必须先获取知识，必须在损失之前就开始学习。许多投资者在进入股市时对股市毫无认识，而且在他们意识到开始交易前有必要进行一段时期的准备工作之前，就损失了大部分本钱。”这是江恩身处股市45年以上的经验之谈和总结，也是我解读江恩理论的目的。

江恩理论之于证券技术分析，就如同《易经》、宗教、玄学等之于世俗文化。它们不是大众性的，总是不能被多数人所接受，然而却从没有人能完全否认它们。江恩理论的最大贡献，也许并不在于其神奇的技术，而在于这门技术是一个指引，它树起一根标杆，让别人去努力探索、追寻，在研究自然规律的道路上越走越远。江恩理论告诉我们，世上万物都遵循着自然的波动规律，都遵循着因果关系与协调关系的普遍法则。另外，市场中不能仅存在一种理论，市场是一种动态博弈，每个人都要按照自己的

理解，在波动中寻找适合自己的投资方式、投资理念，判断江恩发现的这些规则和方法有哪些东西是适合自己的。

证券市场的历史主要包括两个方面：一是市场交易数据的历史，二是市场参与者的历史。前者可以让我们找出证券价格的运行规律，如江恩发现的，股票和商品期货的价格走势往往会在它们的历史天价上遇到强大的阻力，并且“做头”；后者可以让我们总结前人的成败得失，也如江恩发现的，大多数人亏损的原因是对市场知之甚少。我们希望通过对历史的研究解决三个问题：一是在什么位置出入市，二是在什么时候出入市，三是如何出入市。江恩在这三个问题上建立了自己的一套规则。

每一位研究证券市场的人，实际上都在研究历史。这种研究的一个重要前提就是，证券市场的运行是有章可循的，而这种规律是可以通过适当的方法加以认识的。如果证券市场真是像有些人说的那样是无序的、随机的、毫无规律可循的，那我们还有什么必要研究证券市场呢？

要研究证券市场的正确趋势，就必须学习相关的知识。江恩认为，只有那些为知识花费时间和金钱，并不断学习，永不以为自己无所不知，而是意识到学无止境的人才能在证券市场中获得成功。在生活中，每个人投入多少就能收获多少，“种瓜得瓜，种豆得豆。”江恩本人也是这么做的。江恩曾在《如何在商品期货市场中获利》一书中写道：“在过去40年里，我年年研究和改进我的理论。我还在不断学习，希望自己在未来能有更大的发现。”江恩视投机为一种有利可图的职业，他严谨的工作作风值得每一个人学习。

许多人怀疑，江恩在半个世纪以前使用的市场分析方法和交易规则是否还能运用到今天这个愈加复杂的市场中。这个问题从表面上看似乎有些道理，但是我们不要忘记了，江恩对市场的观察是基于人们对事物以往的认知，而这种认知是对未来的指引。

不知道你想过这些没有，世界上的万物都有自己特定的运行法则，例如物体松手以后会回落到地上、男女自然地会对对方产生兴趣、万物相互依存……究竟是谁规定了上述法则，让它们各自按照自己的运行轨迹有序地、相互制约相互促进地、十分完美地运行？这个答案我们暂不去管它，但仅是“游戏法则”一词就已贵如钻石！它精确地告诉我们：世界的存在不是杂乱的，它是在深刻的自然属性中必然地运作，每一件事的结果都是唯一的、特定的、必然的，它们像一串串刻度被永远地刻在了历史（时间）的坐标上。请永远记住上面这一段文字，否则你将不能解读下面的内容。

在其投资生涯中，江恩的平均成功率高达88%。人们惊叹江恩几乎每次都能判断正确。当然江恩自己也会有些错误，但都不是因为其理论方法本身的缺陷。除此之外，江恩还预测了从他那个时代起人类未来会发生的事，会出现的物体、发明等等，现在看来几乎全部按时间坐标实现了。江恩的思维模式建立在他本人坚信宇宙万物中无不存在着自然规则这一信念之上。江恩有一个虔诚的宗教家庭，来自《圣经》的教诲不仅仅只影响了他的生活。

江恩相信任何事物都遵循着宇宙中的自然规则，而规则的本身是由复杂的物质属性集合而成的，任何物体的运行都是在两者作用下的必然结果。

江恩思想的两个基本要素是：动质和时间。动质是江恩理论的专有名词，其他任何书籍上都没有动质一词。动质极其复杂，我不在此描述。

任何准确的分析都离不开时间，江恩把时间作为进行交易的重要因子，当特定的动质驱动运行时，时间因子会精确地显示事物属性的一一对应特性。

研究江恩理论不是一件容易的事情，正如江恩本人所说的一样，研究他的理论，需要意志和毅力。

天地间有“有其理无其事”的说法，那是因为我们的经验还不够，科学的实验还没有出现的缘故；而“有其事不知其理”的，那是因为我们的智慧还不够。换句话说，宇宙间的任何事物，有其事必有其理，有现象，就一定有它的原理，只是我们的智慧不够、经验不足，找不出它的原理而已。

本套系列丛书沿着两个中心思想创作，一是以江恩出生时候的时代背景为前提，以江恩的成长为主线；二是以证券市场的内在机理为出发点，遵循先定性后定量、基本面解决根本问题、技术面解决具体问题的原理。为了尽量保持江恩原著的真实性，我们以江恩的原著为蓝本，充分尊重原著的思想。为了全面地诠释江恩理论，我们也吸收了其他江恩理论研究者的发现和思想，同时还吸收了其他理论的精髓来诠释江恩理论，以填补江

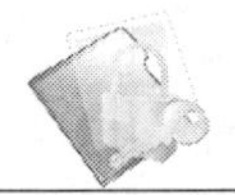

恩理论由于所处时代而导致的不足，尽量展现适合当今市场，尤其是中国证券市场的技术分析方法。

股票投资/投机是一门艺术科学，既有其科学规范的一面，又有其只可意会不可言传的一面。无论你是师从技术分析方法，还是紧跟价值投资思路，抑或两者兼备，投资这项游戏的规则都已经规定，除了在某些特殊阶段以外，总体来说只有少数人能成为大赢家。健将是可以培养和锻炼出来的，而冠军，除此以外还需要天赋和一点运气。学习，可以帮助我们挖掘自己的潜能，并至少能够向一名健将去发展。

我们继承的是江恩的思想，狭义的江恩理论是江恩建立的理论框架和交易规则、技巧。广义的江恩理论是继江恩之后，所有研究江恩理论人士多年来从江恩理论体系衍生发展出来的一系列著作。提到江恩理论，人们还定义在狭义层面，而事实上，在美国，研究江恩理论的专业人士已经涌现出一大批了，还成立了一个江恩理论研讨会的组织机构，每年定期召开会议，以交流学习对江恩理论新的发现，还有公司专门研制出江恩理论的证券分析软件。

我这次收集整理出版的这套系列丛书就是建立在江恩和一大批江恩理论研究人士大部分研究成果的基础上的，所以说，现在的江恩理论不单单是江恩所著的原著，还包括其他研究者所发现的，在江恩原著的基础之上发展的所有著作。打一个很不恰当的比喻，就好像毛泽东思想是老一辈无产阶级的结晶的道理一样，江恩理论也是所有为理论的发展而努力的人的结晶。

今天我们研究江恩理论所要走的路线因为大部分人以前还没有接触过，所以我们在这里先要使大家知道怎样去读江恩理论，先从怎样去认识它、怎样去了解它开始。至于深入的研究，有人研究了一辈子，也没有搞清楚，包括我在内，研究了十多年，还跟一个初学的人差不多。实际上，要解读好江恩理论这套经典技术分析理论，我自己都是战战兢兢的，觉得自己非常肤浅，没有办法向大家交代，可以提供给大家的，只是一块敲门砖而已。

何造中

前　言

本书是系列丛书的第十二本书，也是本系列丛书的最后一本，关于此本书的诞生，还有一段故事。

在笔者投资过程中，有众多朋友会问笔者有关股票投资的问题，有时他们会咨询笔者几十只股票之多，由于时间有限，笔者不能一一回复他们，因此，笔者便萌生一个念头，把自己对股票评价的一些思路写出来，有了思路之后，大家都可以根据笔者所说的思路对号入座，自己分析，这样笔者就可以一劳永逸了。

言归正传，最后一本书笔者将其命名为《江恩理论终极运用：实战中国股市》。虽然从本书内容表面上看，与江恩理论毫无关联，但是笔者里面的一些思路还是从江恩理论中衍生出来的，所以笔者延续了本系列丛书的命名方式，下面我们来看看本书的内容。

在本书第一章，笔者介绍了当前影响中国股票市场的各派力量；在本书第二章笔者介绍了笔者自己对于中国股票的分类标准；在本书第三章和第六章，笔者分别介绍了各类标准股票的投资思路；在本书最后一章，笔者盘点了当下中国股票市场的各种盈利模式。

本书之所以叫《江恩理论终极运用：实战中国股市》，是因为本书的股票分类和盈利模式的分析均是针对中国股票市场的，希望对大家解决实际的股票投资问题能有所帮助。

由于本书的创作时间有限，对于一些问题的讲述可能存在欠妥之处，希望广大读者朋友们批评指正。

目　录 CONTENTS

第一章

影响中国股票市场的力量

在中国股市中，有两种群体是互为依靠的关系，那就是机构和散户。对于机构来说，散户是机构派发的主要对象；而对于散户来说，正是由于机构的拉升，才会在股票市场上获利。这两种群体也是在这种不断地博弈中彼此互相壮大，在本章，我们就来谈谈那些影响中国股票市场的力量。

市场的直接参与者可以分为两大种类，即机构群体和散户群体，而机构群体又是由许多不同的力量所组成，有公募基金、私募基金、社保和保险基金以及 QFII（合格的境外机构投资者）等。早年证券公司也曾经大量参与中国股票二级市场的投资，但是随着股票市场的发展，证券公司越来越多地把主业恢复到他们的本行——中介上来了。

接下来，我们就分别来看看这些影响中国股票市场的力量。

第一节　公募基金

一、公募基金概述

公募基金（Public Offering of Fund）简介

公募基金是受政府主管部门监管的，向不特定投资者公开发行受益凭证的证券投资基金，这些基金在法律的严格监管下，有着信息披露、利润分配、运行限制等行业规范。例如目前国内证券市场上的封闭式基金属于公募基金。公募基金和私募基金各有千秋，它们的健康发展对金融市场的发展都有至关重要的意义，然而目前得到法律认可的只有公募基金，市场的需要还远远得不到满足。

公募基金发展历程

第一阶段：1998—2000 年，基金规模很小，三年的基金份额分别为 100 亿元、510 亿元、610 亿元。

第二阶段：2001 年，引入开放式基金，基金规模有所扩大，达到 809

亿元。

第三阶段：2002—2006 年，规模扩张达到巅峰。

第四阶段：2007 年至今，基金发展规模波动发展，2003 年扩张规模达到了顶峰，其 1633 亿元的市场规模比 2002 年增加了一倍多。2004 年至今由于市场调整等因素的影响，基金发行规模波动发展。截至 2005 年 10 月 20 日，我国基金市场上共有封闭式基金 54 只，开放式基金 159 只，基金份额已达 3200 亿元。

从 2003—2011 年，公募基金书写了壮丽的发展篇章，从单一走向多元化，从弱小到壮大，从本土走向国际。公募基金资产净值从 1716 亿元发展到 21676 亿元，增长超过 11 倍，显示出旺盛的生命力。

作为这十年的起点，2003 年是基金发展史上不寻常的一年，这年以基金为主导的机构投资者在市场中引领了波澜壮阔的价值回归之旅，石化、汽车、金融、钢铁、电力“五朵金花”竞相绽放，价值投资理念树立起主流投资地位，这是市场的必然选择。此前几年，市场从 2001 年的高点一路下滑，过去庄股盛行的时代已无以为继，市场亟待健康的投资理念和盈利模式。

随着 2005—2007 年的牛市行情，财富效应显现，理财之风兴起，越来越多的投资者选择了基金来进行集合理财、专业管理。在 2007 年年末，公募基金资产净值一举脱离千亿级别，达到了最高点 3 万亿元。最近三年年末的基金资产净值，均维持在 2 万亿元以上。

这些年来，尽管市场涨跌阴晴，基金的专业投资能力经受了市场的考验。货币基金、伞形基金、短债基金、保本基金、生命周期基金、交易所交易基金（ETF）、上市型开放式基金（LOF）、合格境内机构投资者（QDII）、分级杠杆基金等各类投资工具适时而出，为不同偏好的投资者提供了越来越丰富的投资工具。

存在的问题

公募基金由于流动性风险高，投资品种受局限，基金产品缺乏创新。近两年基金市场上在多元化方向发展上已经做出了大胆的探索。

一方面，基金业的高速发展及政策面的放宽鼓励了基金产品的创新，

各基金公司竞相推出新产品以吸引投资者的注意，从销售情况来看，投资者对于基金创新的认同也明显高于缺乏创新的基金产品。

另一方面，由于诸如社保基金等机构投资者以及个人投资者对于安全性和风险性的要求，低风险产品受到了普遍青睐，促使基金公司注重了对于保本基金、货币市场基金等此类产品的开发。但是相对于国外成熟的基金市场，中国的基金市场仍存在着基金持股雷同、新募基金的特色不够鲜明、品种不够丰富等问题。

二、公募基金对于中国股市的影响

根据《证券时报》2012 年 7 月发布的消息，包括合格境内机构投资者（QDII）基金在内的基金公司中期管理规模揭晓，基金总规模升至 2.42 万亿元，增幅达 11.55%。

而同样在 2012 年 7 月末，根据新华网所发布的消息，沪深股市流通市值新报 166495 亿元，沪深股市总市值报 216573 亿元。

我们可以做一个简单的计算，把 2012 年 7 月的公募基金的总规模除以沪深股市总流通市值，我们可以得到公募基金占据了中国股票市场总规模的 14.5%，从 1998 年公募基金的微不足道的 100 亿元到 2012 年的 2.42 万亿元，短短的 14 年间，公募基金取得了飞速的发展，已经成为影响中国股票市场的重要的力量。

虽然，公募基金有着许多的先天性的缺陷，并且遭到人们的诟病，但是我们不可否认的是，公募基金正在逐步地扩大自己在中国股票市场的影响力，而且，在不久的将来，可能成为中国股市最重要的力量。

虽然在当前的情况下，公募基金的投资理念和方式在中国股市仍然难以成为最主流的投资思路，但是，随着公募基金的不断发展，这一切可能会在未来逐步改变。

第二节　社保基金和保险基金

一、社保基金和保险基金概述

1. 社保基金

社保基金简介

社保基金由社会保障基金和社会保险基金组成。“社保基金”是一个被简化了的统称，共有五种概念。

一是“社会保险基金”；二是“社会统筹基金”；三是基本养老保险体系中个人账户上的基金，被称为“个人账户基金”；四是包括企业补充养老保险基金（也称“企业年金”）、企业补充医疗保险在内的企业补充保障基金；五是“全国社会保障基金”。

社保基金运作的基本原则

社保基金投资运作的基本原则是，在保证基金资产安全性、流动性的前提下，实现基金资产的增值。

国家规定社保基金可以进入股市，当然不是全部，有比例的限制。主要目的是为了让社保基金实现增值，保证人民的利益。

社保基金资产是独立于理事会、社保基金投资管理人、社保基金托管人的资产。

财政部会同劳动和社会保障部拟定社保基金管理运作的有关政策，对社保基金的投资运作和托管情况进行监督。

中国证券监督管理委员会（以下简称中国证监会）和中国人民银行按照各自的职权对社保基金投资管理人和托管人的经营活动进行监督。

社保基金的具体运作：全国社保基金理事会直接运作的社保基金的投

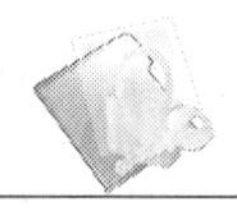

资范围仅限于银行存款、在一级市场购买国债，其他投资需委托社保基金投资管理人管理和运作并委托社保基金托管人托管。

社保基金投资范围

按国务院批准的《全国社会保障基金投资管理暂行办法》，社保基金的投资范围限于银行存款、买卖国债和其他具有良好流动性的金融工具，包括上市流通的证券投资基金、股票、信用等级在投资级以上的企业债、金融债等有价证券。

划入全国社保基金的货币资产的投资，按成本计算，银行存款和国债投资的比例不得低于50%，其中银行存款的比例不得低于10%，企业债、金融债投资的比例不得高于10%，证券投资基金、股票投资的比例不得高于40%。其中，由全国社保基金理事会直接运作的全国社保基金的投资范围限于银行存款、在一级市场购买国债，其他投资需委托社保基金投资管理人管理和运作，并委托全国社保基金托管人托管。社保基金委托单个社保基金投资管理人进行管理的资产不得超过年度社保基金委托总资产的20%。

社保基金的入市历程

社保基金投资运作的基本原则是：在保证基金资产安全性、流动性的前提下，实现基金资产的增值。社保基金资产是独立于理事会、社保基金投资管理人、社保基金托管人的资产。这就是通常所说的可以进入股市的“社保基金”。

2000年9月，全国社会保障基金理事会成立。2001年7月，全国社保基金首次“试水”股市。2001年12月，全国社会保障基金理事会第一届理事大会第一次会议召开。2001年12月13日，财政部和劳动保障部公布了《全国社会保障基金投资管理暂行办法》。2002年1月，荷银集团介入中国社保基金管理研究。2002年3月，全国社会保障基金理事会与美国信安金融保险集团在京签署培训合作备忘录。2002年6月27日，在由中国政策科学研究会和瑞士信贷第一波士顿共同主办的“社保基金与资本市场研讨会”上，与会专家表示，社保基金入市是必然选择。2002年年底，南方、博时、华夏、鹏华、长盛、嘉实六家基金公司成为首批社保基金管理人，中国银行、交通银行为基金托管人。2003 年 2 月 10 日，原证监会副主席高西庆出任社保理事会副理事长，分管投资；3 月 28 日，国务院正式任命项怀诚为全国社保基金理事会新任理事长。2003 年 4 月 14 日，履新不久的中国证监会主席尚福林与项怀诚在社保基金理事会见面。2003 年 6 月 2 日，全国社保基金理事会与南方、博时、华夏、鹏华、长盛、嘉实 6 家基金管理公司签订相关授权委托协议，全国社保基金将正式进入证券市场。

2. 保险基金

保险基金简介

保险基金是指专门从事风险经营的保险机构，根据法律或合同规定，以收取保险费的办法建立的、专门用于保险事故所致经济损失的补偿或人身伤亡的给付的一项专用基金，是保险人履行保险义务的条件。广义上的保险基金是指整个社会的后备基金体系。从狭义上来讲，保险基金是指由保险机构集中起来的后备基金，由保险机构根据大数法则，经过科学的测算，订出各种不同的保险费率。

保险基金的特点

保险基金是一种社会后备基金。社会后备基金的主要形式如下：集中形式的后备基金、自保形式的后备基金和保险形式的后备基金。而保险形式的后备基金即保险基金是保险机构通过签订合同向被保险人收取保险费而形成的一种后备基金，用于因保险事故造成的损失的补偿。它的运动过程包括三个阶段：保险费收取；资金的积累和运用；经济补偿。

保险基金一般有四种形式：

（1）集中的国家财政后备基金。该基金是国家预算中设置的一种货币资金，专门用于应付意外支出和国民经济计划中的特殊需要，如特大自然灾害的救济、外敌入侵、国民经济计划的失误等。

（2）专业保险组织的保险基金，即由保险公司和其他保险组织通过收取保险费的办法来筹集保险基金，用于补偿保险单位和个人遭受灾害事故的损失或到期给付保险金。

（3）社会保障基金。社会保障作为国家的一项社会政策，旨在为公民提供一系列基本生活保障。公民在年老、患病、失业、灾难和丧失劳动能力等情况下，有从国家和社会获得物质帮助的权力。社会保障一般包括社会保险、社会福利和社会救济。

（4）自保基金，即由经济单位自己筹集保险基金，自行补偿灾害事故损失。国外有专业自保公司自行筹集资金，补偿母公司及其子公司的损失；我国有“安全生产保证基金”，通过该基金的设置，实行行业自保，如中国石油化工总公司设置的“安全生产保证基金”即属此种形式。

保险基金的构成

（1）自有资本金。

保险公司的自有资本金，包括注册资本（或实收资本）和公积金。

（2）非寿险责任准备金。

①保费准备金。

②赔款准备金。

赔款准备金包括：未决赔款准备金、已发生未报告赔款准备金和已决未付赔款准备金。

③总准备金。

（3）寿险责任准备金。

（4）保险保障基金。

保险基金运用的原则

保险基金运用即保险公司运用闲置的资金进行各种形式的投融资以增加盈利的行为。

（1）安全性原则。

（2）收益性原则。

（3）流动性原则。

上述原则是互相联系、相互制约的，收益是保险基金运用的目标，但又往往与安全性和流动性发生矛盾。由于组织经济补偿职能是保险公司的首要职能，融资职能为其次，所以，保险公司经营的特殊性决定了资金运用首先要保证安全性和流动性，在此基础上追求收益以增加利润。

保险基金运用的形式

（1）购买债券。

（2）投资股票。

（3）投资不动产。

（4）贷款。

（5）存款。

保险基金除了上述运用形式外，还可用来投资各类基金、同业拆借、黄金外汇等。

二、社保基金和保险基金对于中国股市的影响

虽然社保基金和保险基金是属于两种不同的基金，但是二者有着惊人的相似之处，它们在保证安全的情况下才可以进行投资。它们的重心是稳健，而不是获取最大限度的风险收益，因此，虽然社保基金和保险基金的总规模远远大于公募基金，但是它们对于中国股票市场的影响力还是远远落后于公募基金的。

但是，对于那些业绩稳定，分红率高的股票，正是社保基金和保险基金的钟爱品种，它们可能并不希望手中的持股快速地上涨，因为它们的投资周期比公募基金长很多，因此，对于我们投资者来说，社保基金和保险基金带给我们更多的是更加理性的长期的投资思维。

第三节　私募基金

一、私募基金概述

私募基金简介

私募基金是相对于公募基金而言，是就证券发行方法之差异，以是否

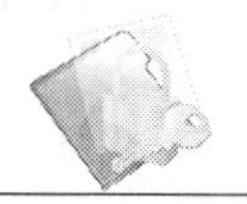

向社会不特定公众发行或公开发行证券的区别，界定为公募和私募，或公募证券和私募证券。

中国股票市场中常说的“私募基金”或“地下基金”，往往是指相对于受中国政府主管部门监管的，向不特定投资人公开发行受益凭证的证券投资基金而言，是私募基金一种非公开宣传的，私下向特定投资人募集资金进行的一种集合投资。其方式基本有两种，一是基于签订委托投资合同的契约型集合投资基金，二是基于共同出资入股成立股份公司的公司型集合投资基金。

私募基金分类

根据不同的标准，私募基金有多种分类方法。在此，我们将仅以常用的投资对象进行划分。从国际经验来看，现行私募基金的投资对象是非常广泛的。以美、英两国为例，其私募基金的投资对象包括了股票、债券、期货、期权、认股权证、外汇、黄金白银、房地产、信息软件产业以及中小企业风险创业投资等，投资范围从货币市场到资本市场再到高科技市场、从现货市场到期货市场、从国内市场到国际市场的一切有投资机会的领域。根据上述对象可以将其分为三类：

（1）证券投资私募基金。

顾名思义，这是以投资证券及其他金融衍生工具为主的基金，量子基金、老虎基金、美洲豹基金等对冲基金即为典型代表。这类基金基本上由管理人自行设计投资策略，发起设立为开放式私募基金，可以根据投资人的要求结合市场的发展态势适时调整投资组合和转换投资理念，投资者可按基金净值赎回。它的优点是可以根据投资人的要求量体裁衣，资金较为集中，投资管理过程简单，能够大量采用财务杠杆和各种形式进行投资，收益率比较高等。

（2）产业私募基金。

该类基金以投资产业为主。由于基金管理者对某些特定行业如信息产业、新材料等有深入的了解和广泛的人脉关系，他可以以有限合伙制形式发起设立产业类私募基金。管理人只是象征性支出少量资金，绝大部分由募集而来。管理人在获得较大投资收益的同时，亦需承担无限责任。这类基金一般有 7 ～ 9 年的封闭期，期满时一次性结算。

（3）风险私募基金。

它的投资对象主要是那些处于创业期、成长期的中小高科技企业权益，以分享它们高速成长带来的高收益。特点是投资回收周期长、高收益、高风险。

我们在本章所谈的私募基金主要是指证券投资私募基金，在中国典型的有阳光私募，还有一些企业或者私人通过合作成立投资公司的方式来投资股票，这种类型就是早期中国股票市场常见的私募机构，又被我们称之为庄家。

中国私募基金的三大阶段

第一阶段是 1993—1994 年，证券公司的主营方向从经纪业务走向承销业务，与之配合，需要定向拉一些大客户，久而久之形成不正规的信托关系，而证券公司的角色亦转换成受托人，由大客户将资金交与证券公司代理委托进行投资。这部分资金大多发展成隐秘的一级市场基金。专门在一级市场中打新股，利用营业部的优势，实现的收益率不仅较高，而且基本上没有风险。

第二阶段发生在 1997—1998 年，当时一级市场非常活跃，上市公司将股市集资来的闲置资金委托主承销商进行投资。这段时间出现的地下私募基金更加接近于严格意义上的私募基金，并且大多以公司等形式出现。《中华人民共和国公司法》规定，企业大部分资产不能投资于股市，投资咨询公司也只能做简单的咨询业务。但实际上，众多咨询公司、顾问公司一直在以“委托代理”的方式操纵着数目颇为庞大的地下私募基金。而一些投资公司实质就是兼顾财务顾问、重组服务的民营投资公司型基金，并且往往背靠着一些证券公司，对整个市场能够产生一定的影响。

第三阶段是 1999—2000 年，由于各种“投资管理公司”过热，大量证券公司从业人员跳槽，特别是 1999 年中出来的一批证券业的资深人员，由于其专业知识较熟，加上其市场营销技巧，进入该领域后在市场上形成了巨大反响。另外，在此期间综合类券商经批准可以从事资产管理业务，受托管理现金、国债或者上市证券。从地下秘密转为地上，公开后，各券

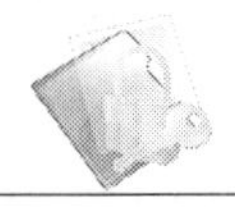

商之间在这块业务的竞争更加激烈了。目前，一些证券公司在开展资产管理业务中都有雷同的承诺，如保证收回本金、保证年收益率等。在这种情况下，为了获得更多资金以获取较高收入，券商就提高进入门槛的资金要求。据了解，目前一些券商至少要求是上千万元的资金量。

私募基金的历史发展

1993—1995 年：萌芽阶段，这期间证券公司与大客户逐渐形成了不规范的信托关系；

1996—1998 年：形成阶段，此期间上市公司将闲置资金委托承销商进行投资，众多的咨询顾问公司成为私募基金操盘手；

1999—2000 年：盲目发展阶段，由于投资管理公司大热，大量证券业的精英跳槽，凭着熟稔的专业知识，过硬的市场营销，一呼百应。

2001 年以后：逐步规范、调整阶段，其操作策略由保本业务向集中投资策略的转变，操作手法由跟庄做股到资金推动和价值发现相结合转变。

2004 年，私募基金开始与信托公司合作，推出信托投资计划，标志着私募基金正式开始阳光化运作。

2006 年，证监会下发了有关专户理财试点办法征求意见稿，规定基金公司为单一客户办理特定资产管理业务的，每笔业务的资产不得低于 5000 万元，基金公司最多可从所管理资产净收益中分成 20%。由于专户理财只向特定客户开放，且有进入门槛、不能在媒体上具体推介，事实上就如同基金公司的私募业务。

2007 年，《中华人民共和国合伙企业法》颁布，私募基金开始建立合伙企业，标志着私募基金的国际化步伐明显加快。

阳光私募基金的特点

（1）收取 20% 的超额业绩费。当私募基金产生盈利时私募基金管理人会提取其中的 20% 作为回报。但该超额业绩费只有在私募基金净值每次创出新高后才可以提取。

（2）追求绝对正收益。私募基金管理人的利益和投资者的利益是一致的，私募基金的固定管理费很少，主要依靠超额业绩费。只有投资者赚到钱，私募才能赚到超额业绩费。所以私募基金需要追求绝对的正收益，对下行风险的控制相对严格。

(3) 股票的投资比例灵活。在 0 ～ 100% 之间，可以称之为“全天候”的产品，可以通过灵活的仓位选择规避市场的系统性风险。

(4) 购买门槛较高。阳光私募基金每份投资一般不少于 100 万元。

(5) 私募基金操作灵活。目前阳光私募基金规模通常在几千万元至 1 亿元。相对于公募，总金额比较小，操作更灵活。同时，在需要时，私募可以集中持仓一两个行业及五六只股票。

(6) 一般有 6 ～ 12 个月封闭期。阳光私募基金多数有 6 ～ 12 个月的封闭期，客户在封闭期中赎回受到限制。封闭期后一般每月公布一次净值并开放申赎。

私募基金与公募基金的区别

(1) 募集的对象不同。公募基金的募集对象是广大社会公众，即社会不特定的投资者。而私募基金募集的对象是少数特定的投资者，包括机构和个人。

(2) 募集的方式不同。公募基金募集资金是通过公开发售的方式进行的，而私募基金则是通过非公开发售的方式募集的，这是私募基金与公募基金最主要的区别。

(3) 信息披露要求不同。公募基金对信息披露有非常严格的要求，其投资目标、投资组合等信息都要披露。而私募基金则对信息披露的要求很低，具有较强的保密性。

(4) 投资限制不同。公募基金在投资品种、投资比例、投资与基金类型的匹配上有严格的限制，而私募基金的投资限制完全由协议约定。

(5) 业绩报酬不同。公募基金不提取业绩报酬，只收取管理费。而私募基金则收取业绩报酬，一般不收管理费。对公募基金来说，业绩仅仅是排名时的荣誉，而对私募基金来说，业绩则是报酬的基础。

二、私募基金对于中国股市的影响

与公募基金相比，私募基金的发展也同样迅速，以新兴投资思路注重

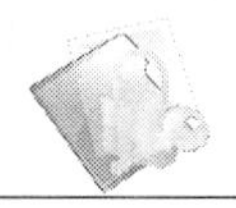

投资理念的阳光私募，可能成为中国股票市场的后起之秀，随着股票市场的做空机制的诞生，对冲基金也成为未来中国股票市场上的一个重要力量。

而那些在早年曾经对中国股票市场产生重大影响的私募庄家们来说，随着公募基金实力的壮大，他们的影响力会变得越来越弱。

伴随着大量的专业人才的加入，私募基金对于中国股票市场的影响也会变得越来越理性，而不是过去极端的暴涨暴跌。

第四节 QFII

一、QFII 概述

QFII 简介

QFII（Qualified Foreign Institutional Investors）是合格的境外机构投资者的简称，QFII 机制是指外国专业投资机构到境内投资的资格认定制度。

根据中国人民银行和证监会联合下发的《合格境外机构投资者境内证券投资管理暂行办法》，中国 QFII 政策从 2002 年 12 月 1 日起正式实施。作为一种过渡性制度安排，QFII 制度是在资本项目尚未完全开放的国家和地区，实现有序、稳妥开放证券市场的特殊通道。包括韩国、中国台湾、印度和巴西等市场的经验表明，在货币未自由兑换时，QFII 不失为一种通过资本市场稳健引进外资的方式。在该制度下，QFII 将被允许把一定额度的外汇资金汇入并兑换为当地货币，通过严格监督管理的专门账户投资当地证券市场，包括股息及买卖价差等在内的各种资本所得，经审核后可转换为外汇汇出，实际上就是对外资有限度地开放本国的证券市场。

QFII 核心问题

其一是合格机构的资格认定问题。包括注册资本数量、财务状况、经营期限、是否有违规违纪记录等考核标准，以选择具有较高资信和实力、无不良营业记录的机构投资者。

其二是对合格机构汇出、汇入资金的监控问题。一般有两种不同的手段：一种是采取强制方法，规定资金汇出、汇入的时间与额度；另一种是用税收手段，对不同的资金汇入、汇出的时间与额度征收不同的税，从而限制外资、外汇的流动。

其三是合格机构的投资范围和额度限制问题。投资范围限制主要对机构所进入的市场类型以及行业进行限制；投资额度包括两方面：一是指进入境内市场的最高资金额度和单个投资者的最高投资数额（有时也包括最低投资数额）。二是合格机构投资于单个股票的最高比例。

我国 QFII 制度的特点

一是引入 QFII 制度的跨越式发展，一步到位。按照国际上的一般经验，资本市场的开放要经过两个阶段，在第一阶段可以是先设立“海外基金”（中国台湾的模式）或者“开放型国际信托基金”（韩国的模式）；而这一阶段中国台湾用了 7 年，韩国用了 11 年。我国则是绕过第一阶段，一步到位，其后发优势不可估量。

二是 QFII 准入的主体范围扩大、要求提高。新兴资本市场的国家和地区为了加大监管和控制的力度，普遍以列举的方式明确规定了何种类型的境外机构投资者可以进入本国或本地区。此外，对 QFII 的注册资金数额、财务状况、经营期限，等等有较为严格的要求。与此相反，我国对 QFII 主体范围的认定比较宽泛，而且赋予了境外投资者更多的自主权。然而，我国从保障国内证券市场的稳定和健康发展出发，对注册资金数额、财务状况、经营期限等指标的要求方面有了进一步的提高。

三是人民币升值迅速，QFII 闻风而动。2012 年 4 月 3 日，中国证监会、中国人民银行及国家外汇管理局决定新增合格境外机构投资者（QFII）投资额度达到 500 亿美元，总投资额度达到 800 亿美元。QFII 当仁不让地成为 A 股市场最有想法、最有资金实力的做多的主力部队，下一阶段瞄准 QFII 必然增仓的品种是捕捉底部黑马的必然选择。QFII 正成为推动 A 股市场发展的一支重要力量。来自 2007 年全国证券期货监管会议

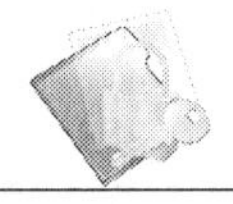

上的最新数据显示，截至2006年年末，52家QFII持有A股的总市值已经达到971亿元，占沪、深两市2006年年末流通总市值的比例的3.88%，一跃成为A股市场仅次于基金的第二大机构投资者。

二、QFII对中国股市的影响

QFII作为一种过渡性制度安排，QFII制度是在资本项目尚未完全开放的国家和地区，实现有序、稳妥地开放证券市场的特殊通道。包括韩国、中国台湾、印度和巴西等市场的经验表明，在货币未自由兑换时，QFII不失为一种通过资本市场稳健引进外资的方式。

下面我们就来看看QFII对于中国股票市场的影响。

（1）增量资金的流入有利于我国证券市场的稳定。

QFII制度作为向外资开放市场的特殊通道，其给一国（地区）资本市场最直接、明显的影响便是增量资金的持续流入。韩国、印度和我国台湾实行QFII制度的十多年时间里，外资基本上保持净流入，成为新兴市场的重要投资者。以台湾为例，从QFII投资台湾证券汇出入状况看，QFII历年持股比例极高，这表示汇入后即专注投资于股市，而非从事于外汇投机，尤其在台湾股市低迷时，QFII还有稳定市场的作用。2000年，台湾股市一年内从10202点跌至4614点的最低点时，本土投资者几乎都是净卖出，而外资连续几天是净买入。

中国作为经济转型国家，经济一直保持持续稳定的高增长态势。中国对国际资本的吸引力正逐步增强，2002年直接投资创多年来的新高。同时，外贸进出口额保持高速增长。近年来，随着国企改革不断深化，上市公司的治理结构明显得到改善，中小股东的权益也越来越受到重视。证券市场经过多年的发展，一大批规模大、业绩好、居行业龙头地位的大型蓝筹股份公司正在形成，相信会受到不少境外投资者的青睐。随着QFII门槛的降低，外国资本进入中国证券市场的数量和规模都将会不断增加，而这些不断增加的、致力于长期投资收益的外国资本对于稳定我国的证券市场将起着积极的作用。

（2）有利于上市公司结构的治理和行为的规范。

国外机构投资者分为积极的投资者与交易者两大类，他们在证券市场上的投资理念和运作思路可谓迥异，积极的投资者以公司治理为手段，以持续性的价值提升和长期回报为目标；而交易者则通过技术分析或股价走势判断而获得短期资本溢价。根据韩国、印度和我国台湾的经验，在这两类机构投资者中，奉行公司治理导向投资策略的机构逐渐成为主流。根据 2002 年 12 月证券时报与东方证券针对 QFII 做的联合调查，大多数境外机构表示会以被动的个股选择来干预公司治理。这预示着那些资产优良、信息披露规范透明、治理结构完善的上市公司会受到 QFII 的青睐。这样就势必会加大国内上市公司的竞争压力，对规范我国上市公司经营行为和促使上市公司提高信息披露透明度起到积极作用，有利于保护投资者的利益。此外，对外开放证券市场，必然导致在会计制度、信息披露、公司法人治理、交易规则、监管和交易品种上与国际标准接轨，从而加快我国证券市场走向成熟。

（3）QFII 的介入有利于我国股价结构的调整，引导投资者的投资理念趋于理性化。

目前我国证券市场的投资者除了证券公司、基金管理公司外，还有大量的个人投资者，大家对上市公司的价值评估比较混乱，其主要目标是以通过二级市场的短线操作来获取市场差价，所以上市公司的股票价格往往由股本大小、有无庄家等因素决定，而公司本身的经营业绩和成长性没有得到应有的重视从而导致证券市场比价关系失调。实施 QFII 之后，由于投资行为的改变和市场效率的提高，以及信息加工分析能力和投资策略的成熟，国内市场会打破原有的市场均衡，通过股价结构的调整来实现新的合理的均衡。同时，境外大型投资机构所具有的理性投资风格会对众多的中小投资者产生巨大的示范效应，这有助于建立价值投资和理性投资的市场氛围，投资者会更重视上市公司本身的投资价值，中长期投资、组合投资和风险管理意识也将深入人心。这一点也可以从韩国、印度以及我国台湾实行 QFII 后证券市场投资理念的变化得到验证，如韩国有名的杂志 2000 年报道说：“开放前，投资者主要基于所谓的利好消息传闻的来投资。但

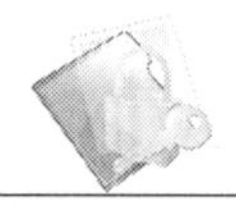

开放后，QFII 给韩国市场带来分析公司基本面的新视野，外资改变了整个市场的投资理念，国内投资者开始花大量的时间来研究 QFII 的投资行为。”

（4）有助于消除我国证券市场存在的诸多特色。

目前我国证券市场内仍存在诸多痼疾，如目前证券市场的最大特点是“新兴 + 转轨”，而且经常出现政策市的特征，上市公司的基本面并不是决定股票价格的唯一重要因素，其投资价值观与国外市场存在较大的差距。因此，我们这个市场一直所标榜的，并一直引以为自豪的诸多“特色”，就会成为境外投资者介入我国证券市场的主要瓶颈。QFII 的引进使我国的证券市场渐渐向规范化、国际化靠拢，随着时间的推移，政策市、投机市、消息市、股权割离等诸多的“特色”将会出现渐渐退化的特征。长期看，引入 QFII 后，给我们带来的不仅是这个市场的增量资金，更多的是成熟市场的投资理念与价值观；短期看，将会逐步清理我们对“新兴”与“转轨”的理解，改变目前这种混沌的状态。而这种市场不是充分有效的状态，而是目前阻碍我国证券市场不能正常发展的重要原因。

（5）引入 QFII 将加快我国证券市场投资主体的多元化。

长期以来，我国证券市场散户投资者比重过高，以散户为主的证券市场存在投佟吉富机盛行、市场波动剧烈等问题。发展 QFII 制度可以大大增加机构投资者的比重，改善我国证券市场以散户为主的市场结构，最终会发展成以机构投资者为主导的市场。与此同时，合格的境外投资者的进入还有助于国内的证券公司和基金管理公司学习境外投资管理经验，可以提高我们的资产运作水平，从而为正式进入国际资本市场做好准备。此外，引入 QFII 还有利于培育良好的竞争环境，促进国内证券机构和基金管理公司的成长。我国证券市场引入 QFII 将改变现有的市场竞争格局，逐步对外开放的证券市场对国内证券机构及基金管理公司来说是一个最好的训练场。实施 QFII 后，市场的竞争必然加剧，这将有利于培育国内证券机构及基金管理公司在竞争中生存的能力。在引入机构投资者的同时，国内投资机构可以直接或间接地学习到他们的投资管理思路、企业经营模式和方法，可以提高国内证券机构和基金管理公司的资产运作水平，最终使我国证券市场得到健康的发展。

（6）QFII 为外资直接投资 A 股打开了一扇窗，极大地增强了投资者的信心。

长期以来，中国资本市场是一个封闭型的市场，随着改革开放的不断深入，我国在引进外资的政策上有了长足的进展，并对经济的建设起到了重要的作用。引入 QFII 是我国对外开放、引进外资政策的拓展和延续，是引进外资的一种新形式。以往，我们主要是吸引外商直接投资，而通过资本市场进行的间接投资，由于缺少必要的渠道，在我国引进外资份额中所占比例很小。上市公司国有股和法人股对外资解禁和 QFII 制度的浮出水面，分别是针对上市公司非流通股份和在证券交易所挂牌流通的除境内上市外资股以外的股票、国债、可转换债券和企业债券，等等。虽然二者的出发点不同，但目的都是引入境外投资者来购买上市公司股份。目前，我国的证券市场也急需这种“外力”进入，如前所述，通过 QFII 制度引进境外投资者，将有利于证券市场发挥其优化配置市场资源的功能，推进上市公司治理结构的完善，加速上市公司的成熟，更好地面对加入 WTO 后的世界竞争，这一切也必将使投资者加强对我国资本市场的信心。

综上所述，QFII 政策作为开放市场、活跃市场的一项制度，它必将对我国资本市场造成积极的、深远的和全方位的影响。从韩国、印度以及我国台湾地区实施 QFII 制度的经验来看，QFII 虽是过渡性制度安排，但一般都长达十年以上，无论是资格条件、机构种类还是持股比例、投资金额都无一例外地有个逐步放开的动态过程，具有明显的持久性。QFII 的实施者资金实力雄厚、投资理念先进的大型跨国金融机构，将以其先进的内控机制、选股思路以及价值型的投资理念对境内证券经营机构产生影响，加快投资理念的变化，淡化股市的投机色彩。我国证券市场众多的参与者包括广大的个人投资者、证券公司、上市公司以及基金管理公司将从中受益。随着时间的推移，QFII 对我国证券市场的积极作用将会越来越明显。

第五节　散户

一、散户概述

散户定义

进行零星小额买卖的投资者，一般指小额投资者，或个人投资者，与大户相对。

主要状况

中国股市近年在全球股市上涨的背景下却由于诚信问题、监管问题等结构性问题而连年下跌，在这样的市场中，散户处于最为不利的博弈位置，不少散户均遭受了损失。解决了以上结构性问题后，散户在市场博弈中将获得更大的机会。不少散户因以前的亏损在投资心理上存在阴影，但是人民币升值等机遇也给了散户很多机会。

可以说，散户是市场上最弱势的群体，缺乏专业判断力，主要操作方式就是追涨杀跌。市场涨了，他就欢欣鼓舞地去追，市场跌了就恐惧性抛售。

随着中国市场规模的增加，以及机构投资者的壮大，个人投资者的地位和影响力不断下降。早期散户影响力曾高达 90%，1999 年的那轮牛市开始时降到 70%，2006 年牛市开始时仅 40%～50%。目前虽牛市热潮可能升到 60%，但再经历一轮熊牛市，就可能降到成熟市场的 20%～30%，结构也将逐步以中户以上为主，这种下降也是国际成熟市场的规律。

散户做股票赚钱的概率相比机构低，因为他们很难准确判断上市公司的基本面，无法真正了解公司的价值。即使能得到资料，散户也很难有能力和时间去进行比较研究。

即使能够研究清楚，也很少有散户能够坚持，因为股票出现震荡时，散户往往就出手了。中长期持有股票赚钱的概率非常高，但是不幸的是，往往散户不一定能坚持住。

但个人的优势在于船小好掉头，可随时进出。个人不一定要研究到建构股票池那种地步，选择七八只有把握的股票进行投资。股票的运行是有规律的，如果能够把握“股性”，再立足于中长线选股，进行波段性操作，还是可能取得良好收益的。

二、散户对中国股市影响

在讲述散户对中国股票市场影响之前，我们先来看一个表格。

表1－1

2012年6月A股自然人账户结构统计				
资金规模	数量（个）	数量占总数比（%）	估计资金总量	资金总量占总数比（%）
0万～1万元	1997万	35.67%	1497亿元	2%
1万～10万元	2753万	49.16%	1.6万亿元	25%
10万～50万元	709.5万	12.67%	2.1万亿	33%
50万～100万元	84万	1.51%	6300亿元	10%
100万～500万元	49万	0.89%	1.4万亿元	22%
500万～1000万元	3.5万	0.06%	2625亿元	4%
1000万元以上	1.8万	0.03%	2160亿元	3.30%
累计	5600万	100%	63582亿元	100%
注：1亿元以上账户数为826个				
数据来源：中国证券登记结算公司				

表1－1所示的表格式笔者根据中国证券登记结算公司的信息自己绘制的一张统计表格。通过表格我们注意到，资金处于0～50万元区间的自然人的数量占据了中国股票市场的绝对主导作用。

如果我们把账户资金规模在50万元以下的自然人称之为散户，那么这些散户对于所有自然人股票市场的影响力是60%，2012年6月，中国股

票市场的总流通市值约为16.6万亿元，散户对中国股票市场的影响力为23%。可以看到，虽然散户与中国股票诞生初期的影响力不可同日而语，但是，即使在各方机构都迅速发展的今天，散户对于中国股票市场的影响力仍然不可小觑。散户在总影响力上甚至超过了我们之前测算的公募基金的影响力，公募基金之前的影响力仅有14%。

如果我们能够对散户阶层进行良好的投资理念的教育和引导，帮助他们走向成熟，也就有可能使我们的股票市场更加稳步地发展。

第六节　各派力量的关系总结

我们介绍了影响中国股票市场的主要几种力量，接下来我们就来谈一谈他们之间的关系。

无论是公募基金、社保基金、保险基金还是QFII以及私募，他们最终要想实现利润，最大的博弈对象仍然是散户群体，只要他们能够成功地让散户心甘情愿地接收自己手中的筹码，那么，这些机构往往就能够实现他们的获利目标。

然而，随着中国股票市场的发展，散户也并不都是任人宰割的，一些精明的散户看透了那些私募庄家的意图，而私募套牢的情况也屡见不鲜，在这样的情况下，有些私募机构往往就会寻求与公募基金的“合作”。

当然，这种“合作”往往是非法的行为，正是由于公募基金是以收取管理费为盈利模式的，因此，基金收益的好坏往往会被他们忽略，但是这样的恶性合作，损害最大的是那些基民的利益。

社保基金和保险基金常常会委托一些公募机构或者实力雄厚的私募机构来协助运营他们的入市资金。

与社保基金和保险基金类似，一些对中国市场不是非常熟悉的QFII也同样会挑选一些实力不错的公、私募机构来管理他们的基金。

第七节 变化着的中国股市

中国股市自诞生22年来，经历了许多风风雨雨，一直在不断发展进步，下面我们就来分析一下中国股票市场未来面临的一些变化。

（1）政策调整将逐渐淡化，中国股市将全面进入制度创新时代。

2008年，伴随着国际金融危机的到来，中国的管理层抛出了4万亿元刺激经济计划。2008年年底至2009年年初，中国股票市场迎来了反弹，然而，政府过度地干预股票市场，随后几年，最终导致CPI高涨，通胀高居不下。

自2011年4月以来，上证指数处于一个标准的下跌通道，一年多时间跌幅达到30%以上。但是，此次政府并没有出台任何刺激性的重大利好政策，这也正说明管理层想通过市场自身调节来度过这段危机，而不是直接干预。

从侧面来看，这也正说明中国股票市场正朝向更加成熟的方向发展。

（2）以中小散户为投资主体的时代即将结束，投资机构为主体的时代即将到来。

自1998年以来，公募基金取得了长足的发展，从当初的无足轻重到今天占据了中国股票流通总市值14%的份额，其影响大幅增加。与此同时，社保基金和保险基金、QFII和私募机构的壮大，也进一步削弱了散户对中国股票市场的影响力，可想而知，在未来的10年、20年，散户对中国股票市场的影响可能从目前的23%降至10%以内。这样，中国股票市场将会与发达国家市场接轨。

（3）双向交易机制，多品种交易时代将取代传统的单一交易机制和单一品种交易。

2010年4月，股指期货正式登录中国市场，从此，中国的单边交易机制正式结束了。然而，由于股指期货的高门槛，做空机制只是少数人的专

利，对于资金不足50万元的散户们来说，他们并不能真正实现做空。

然而，随着中国股票市场的发展，股指期货的门槛和做空股票的数量将会逐步增加，另外，国债期货等新兴品种都将极大程度地丰富中国股票市场的产品种类，相信在不远的将来，中国股票市场将会精彩纷呈，百花齐放。

第二章

中国股票分类

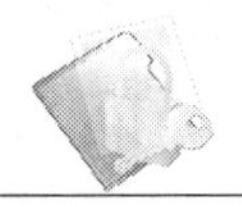

对股票的分类有助于我们针对不同的股票采用不同的投资思路，最大限度地获取投资收益，本章笔者就来和大家谈谈自创的股票分类方式，股票的每股收益分类法。

第一节　股票分类标准及分类

虽然股票的分类标准多种多样，然而不管怎么分类，都是为了让我们的投资变得更加简单，如果股票的分类把事情变得越来越复杂了，那么这种分类方法就有待商榷了。

在本节笔者就提出一种以股票的每股收益为标准的分类方法，我们可以称之为每股收益分类法。此方法的目的是为了让我们更加一目了然地分清楚我们将要投资的股票的类型，并且针对不同的大盘环境做出投资决策。

下面我们来看看每股收益分类的具体标准。

根据过去 3 年（2009—2011 年，编者注，下同）每股收益情况，笔者把沪深的 A 股股票分为 A、B、C、D 四类。

我们分别来看看各类股票的分类标准和具体分类情况。

A 类股的分类标准

A 类股是指那些在过去三年年度每股收益都大于 1. 5 元的，同时当年的折算每股收益也大于 1. 5 元的股票。

所谓当年折算每股收益就是，如果公司当年度还没有公布年报，而市场上普遍可查询的该公司的是一季报，那么我们就可以用该股一季报的每股收益乘以四，然后估算出本年度的每股收益，如果估算出每股收益仍然大于 1. 5 元，那么该股就完全符合 A 类股的标准。

A 类股的分类标准非常严格，因此，如果公司的每股收益达到 A 类股的要求，我们基本可以判断该公司在基本面上至少属于一只稳定增长的股票，只要该股票估值处于相对合理的位置，那么投资此类股票往往会非常稳健。

A 类股的选股公式和股票列表

要选出如此苛刻的基本面条件，笔者找寻了众多股票软件，最终发现东方财富通的高级选股功能可以胜任此项工作。

我们可以先下载东方财富通，然后打开，在核心功能中选择高级选股功能，或直接键入 F7，这样我们就进入了高级选股界面。

我们可以接着点击财务分析中的每股指标，然后进入条件设定，条件设定为2009 年、2010 年、2011 年的年度每股收益大于 1. 5 元，2012 年一季度的每股收益大于 1. 5 ÷ 4 = 0. 375 元，如下图所示。

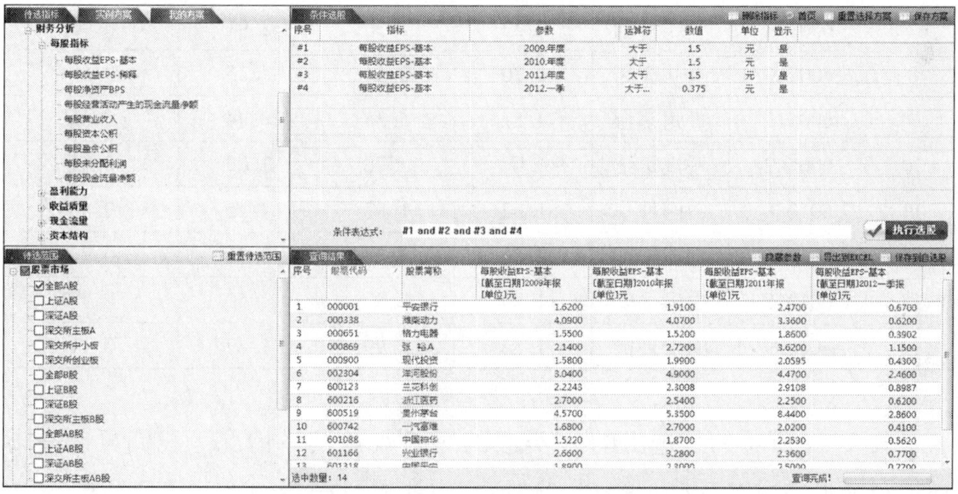

图 2 – 1

设定好如图 2 – 1 所示的条件之后，在待选范围中选择全部 A 股，然后就可以点击执行选股了。我们可以看到，按照以上条件筛选之后，共有 14 只股票符合筛选条件，就是我们所说的 A 类股了，如果想把它们导入其他的股票软件，就可以用 Excel 导出，然后复制到其他股票软件上去。

下面我们来通过表格看看 A 类股的情况。

表 2－1

序号	股票代码	股票简称	2009 年每股收益(元)	2010 年每股收益(元)	2011 年每股收益(元)	2012 年一季度每股收益(元)
1	000001	平安银行	1. 62	1. 91	2. 47	0. 67
2	000338	潍柴动力	4. 09	4. 07	3. 36	0. 62
3	000651	格力电器	1. 55	1. 52	1. 86	0. 39
4	000869	张　裕 A	2. 14	2. 72	3. 62	1. 15
5	000900	现代投资	1. 58	1. 99	2. 06	0. 43
6	002304	洋河股份	3. 04	4. 90	4. 47	2. 46
7	600123	兰花科创	2. 22	2. 30	2. 91	0. 90
8	600216	浙江医药	2. 70	2. 54	2. 25	0. 62
9	600519	贵州茅台	4. 57	5. 35	8. 44	2. 86
10	600742	一汽富维	1. 68	2. 70	2. 02	0. 41
11	601088	中国神华	1. 52	1. 87	2. 25	0. 56
12	601166	兴业银行	2. 66	3. 28	2. 36	0. 77
13	601318	中国平安	1. 89	2. 30	2. 50	0. 77
14	601699	潞安环能	1. 83	2. 99	1. 67	0. 41

表 2－1 所示的是选出的 A 类股的每股收益具体情况，我们可以清晰地了解他们最近几年的业绩增减情况，以便于之后我们进一步地分析。

介绍了 A 类股的分类标准和情况，我们继续来看 B 类股的情况。

B 类股的分类标准

B 类股是指那些在过去三年年度每股收益都大于 0. 5 元的，且最后一年的每股收益小于或等于 1. 5 元，同时当年的折算每股收益也大于 0. 5 元的股票。

与 A 类股相比，B 类股对于每股收益的要求就放宽松了，B 类股主要是为了选出那些基本面较为稳定的上市公司，这类公司虽然业绩并不是非常好，但是也还算稳定。

B 类股的选股公式和股票列表

要选出 B 类股，我们仍然采用东方财富通软件，我们可以设定如下选股条件，2009年、2010年、2011年的年度每股收益大于0.5元，2011年的年度每股收益小于或等于1.5元，同时2012年一季度的每股收益大于0.5÷4=0.125元，如下图所示。

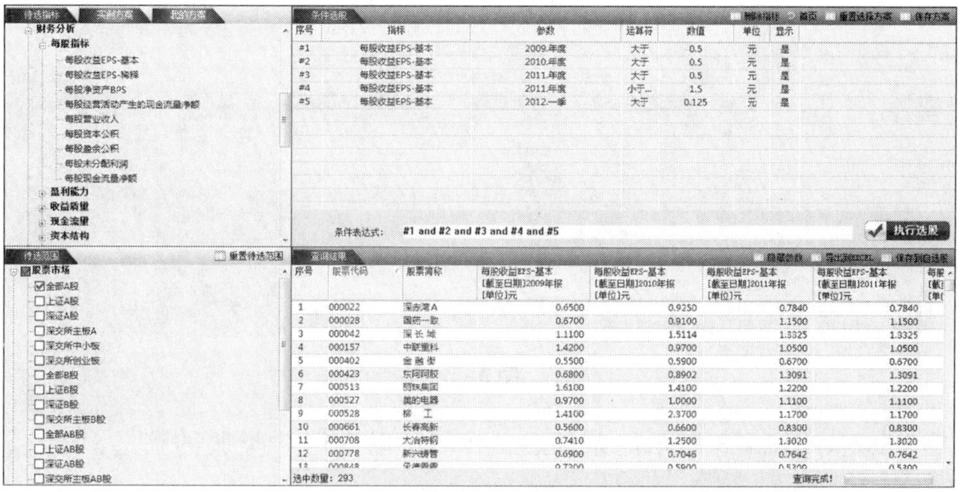

图2－2

设定好图2－2所示的条件后，我们可以进行B类股的筛选，最终，我们选出293只股票符合B类股的条件。

C类股的分类标准

C类股是指那些在过去三年年度每股收益都大于0元的，且最后一年的每股收益小于或等于0.5元，同时当年的折算每股收益也大于0元的股票。

与B类股相比，C类股的业绩基本算比较差劲的了，一般来说，C类股由于公司基本面状况不佳，公司业绩不稳定，在大盘处于弱势行情中，股价往往表现得不尽如人意。

C类股的选股公式和股票列表

要选出C类股，还需继续使用东方财富通软件，我们可以设定如下选股条件，2009年、2010年、2011年的年度每股收益大于0元，2011年的年度每股收益小于或等于0.5元，同时2012年一季度的每股收益大于0元，如下图所示。

条件选股

序号	指标	参数	运算符	数值	单位	显示
#1	每股收益EPS-基本	2009.年度	大于	0	元	是
#2	每股收益EPS-基本	2010.年度	大于	0	元	是
#3	每股收益EPS-基本	2011.年度	大于	0	元	是
#4	每股收益EPS-基本	2011.年度	小于...	0.5	元	是
#5	每股收益EPS-基本	2012.一季	大于	0	元	是

条件表达式： #1 and #2 and #3 and #4 and #5　执行选股

查询结果

序号	股票代码	股票简称	每股收益EPS-基本 [截至日期]2009年报 [单位]元	每股收益EPS-基本 [截至日期]2010年报 [单位]元	每股收益EPS-基本 [截至日期]2011年报 [单位]元	每股收益EPS-基本 [截至日期]2011年报 [单位]元
1	000004	国农科技	0.0300	0.1384	0.0356	0.0356
2	000006	深振业A	0.6400	0.6330	0.4388	0.4388
3	000007	零七股份	0.1400	0.0641	0.0269	0.0269
4	000009	中国宝安	0.2300	0.3000	0.2500	0.2500
5	000011	深物业A	0.1626	0.2936	0.4320	0.4320
6	000016	深康佳A	0.1300	0.0697	0.0207	0.0207
7	000020	深华发A	0.0100	0.0324	0.0366	0.0366
8	000021	长城开发	0.2900	0.2913	0.1906	0.1906
9	000026	飞亚达A	0.2810	0.3770	0.4060	0.4060
10	000027	深圳能源	0.9100	0.6400	0.4300	0.4300
11	000029	深深房A	0.0200	0.0838	0.1000	0.1000
12	000031	[illegible]	0.2100	0.2600	0.2300	0.2300

选中数量：1020　查询完成！

图 2－3

设定好图 2－3 所示的条件后，我们可以进行 C 类股的筛选，最终，我们选出 1020 只股票符合 C 类股的条件。

至 2012 年 8 月，A 股的股票总数为 2434 只，而 C 类股便占据了所有 A 股总数的 42%。

D 类股的分类标准

D 类股是指那些在当年度每股收益在 0 元以下的股票。

与 C 类股相比，D 类股更加凄惨，那些没有被 ST 的股票面临着被特殊处理的风险，而那些已经沦为 ST 的股票形势更加不乐观，它们面临着被退市的风险。

D 类股的选股公式和股票列表

相对于其他几种股票类型，D 类股的选股非常简单，只需要在东方财富通上选择当前每股收益小于 0 的股票就可以了，如下图所示。

设定好图 2－4 所示的条件后，经过筛选，最终，我们得到 429 只股票，这些股票符合 D 类股的条件。

上面说到，至 2012 年 8 月，A 股的股票总数为 2434 只，A 类股有 14 只，B 类股有 293 只，C 类股有 1020 只，D 类股有 429 只，四种类型的股票一共 1756 只。细心的朋友会发现，我们的分类并没有涵盖所有的股票

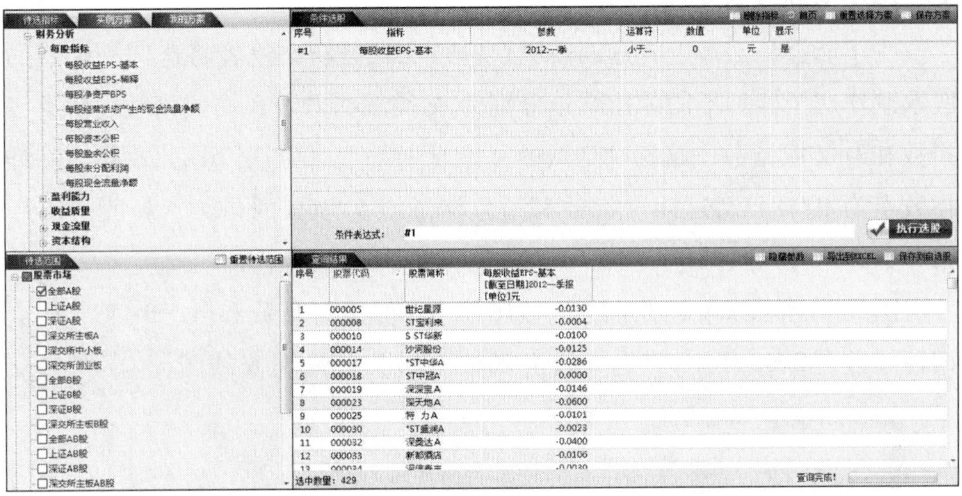

图 2 – 4

数，这是因为对于那些业绩波动太大，不稳定的股票，并不属于笔者的选股范围之内，笔者所寻找的是那些基本面持续稳定的处于某种情况的股票，这些股票由于基本面稳定，所以，对于他们的投资也更加容易。

我们再来看看中国股票市场的结构问题，C 类股和 D 类股共有 1449 只，占据了所有股票 A 股总数近 60% 的比例，这正说明中国股票市场目前还不够成熟，许多上市公司上市成功之后，并没有将主要任务致力于公司的发展上来，换句话说，具有上市圈钱的嫌疑。对于投资者来说，我们一定要分清各类股票的类型，千万不能盲目投资，以免让我们辛辛苦苦积攒的资金损失在那些基本面差劲、明显没有将主要精历放在提高业绩的公司上来。

第二节　各类型股票指数

在第一节中，笔者介绍了 A、B、C、D 四类股票的分类标准和选股公式，让大家对笔者的分类方法有了初步的了解，在本节中我们来继续对以

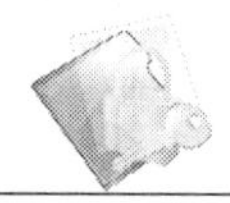

上四种类型的股票进行分析。

为了能够从宏观上对这四类股票进行比较分析，笔者将这四种类型的股票制作成了四种不同的指数，分别为A类股指数、B类股指数、C类股指数和D类股指数，这四种指数的基准日期都是2008年10月28日，基准指数点为1000点，这四种指数都是以流通盘为加权的指数，新股上市后第5日开始计入指数。

图2-5至图2-9所示的K线图形分别是上证指数和A、B、C、D这四种指数自2008年10月底开始至2012年8月底的周K线图。

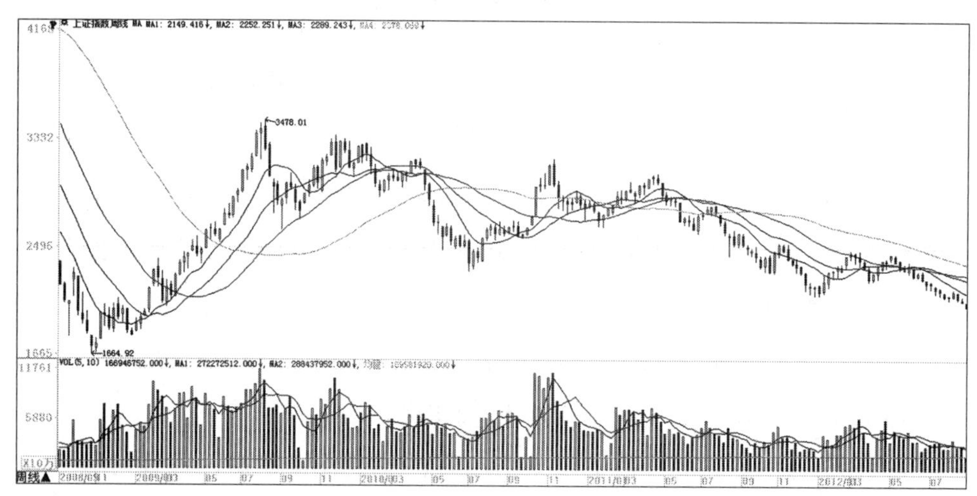

图2-5

上图所示的是上证指数自2008年10月底至2012年8月底的周K线图。从图中可以看到，上证指数从2008年年底至2009年8月初共计上涨了97%，迎来了熊市后一波的快速反弹行情，随后，上证指数进入了震荡格局，2009年8月至2011年7月这2年时间里，上证指数一直维持在2400~3400的区间，保持震荡行情，2011年8月，上证指数加快下跌步伐，打破了之前的震荡格局，进入了下跌通道中，自2011年8月至2012年8月，上证指数又继续下跌了接近30%。

如果我们自2009年的高点统计，上证指数至2012年8月，累计下跌了接近40%，已经可以算是一个比较标准的熊市行情了。

介绍了大盘的环境，下面我们来分析各类股票的指数情况。

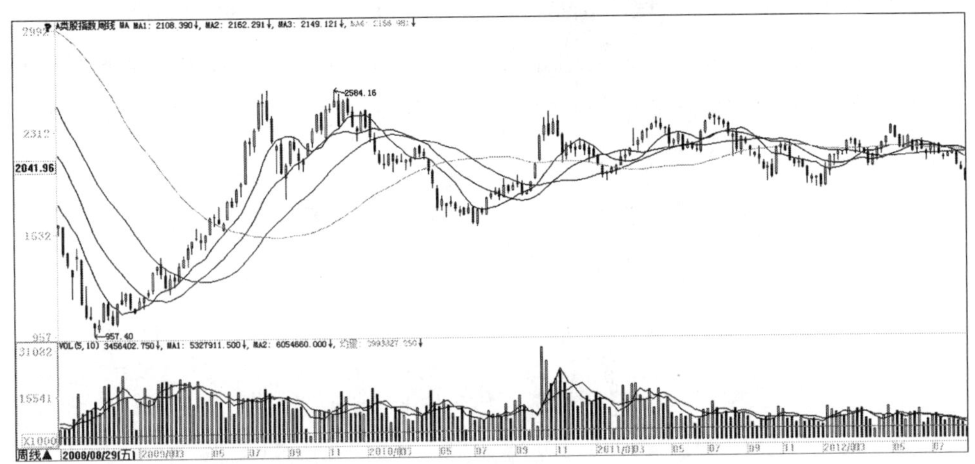

图 2－6

图 2－6 所示的是 A 类股的指数周 K 线图。我们可以看到，A 类股指数自 2008 年熊市底部开始反弹，至 2009 年 8 月初，上涨了 147%，涨幅高于大盘接近 50%。随后，A 类股指数便进入了震荡行情中，虽然 2011 年 8 月上证指数打破了震荡格局，进入下跌通道，但是 A 类股指数仍然处于震荡格局，自 2011 年 8 月至 2012 年 8 月，A 类股指数仅下跌 17%，跌幅低于大盘的下跌幅度，自 2009 年的高点起至 2012 年 8 月，A 类股指数累计仅下跌 20%，跌幅也远远低于大盘的 40%。

图 2－7 所示的是 B 类股的指数周 K 线图。从图中我们可以看到，B

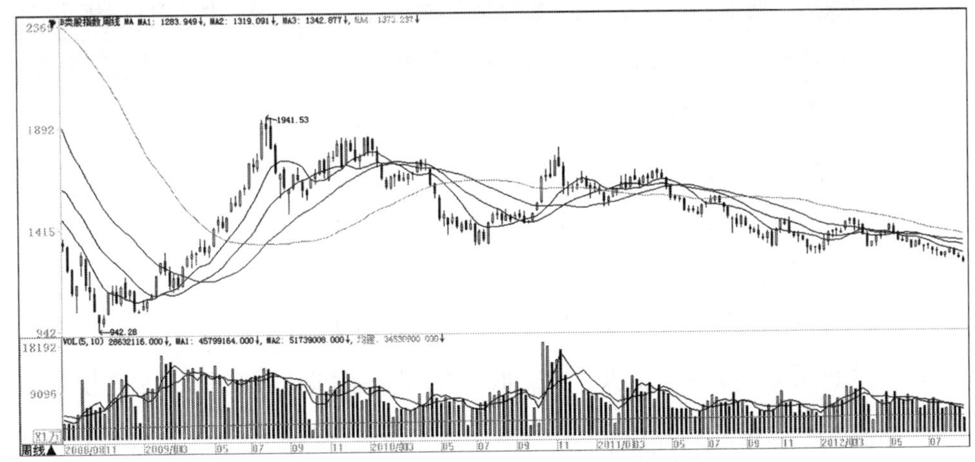

图 2－7

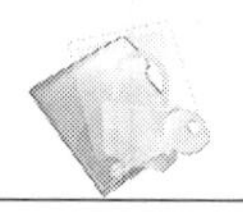

类股指数自2008年熊市底部开始反弹，至2009年8月初，上涨了92%，涨幅与大盘相当。随后，B类股指数进入了震荡行情中，2011年8月，B类股指数进而又跟随上证指数打破了震荡格局，进入下跌通道，与大盘不同的是，自2011年8月至2012年8月，B类股指数也仅下跌了17%，跌幅低于大盘的下跌幅度。然而，自2009年的高点起至2012年8月，B类股指数累计下跌35%，下跌幅度略低于大盘。

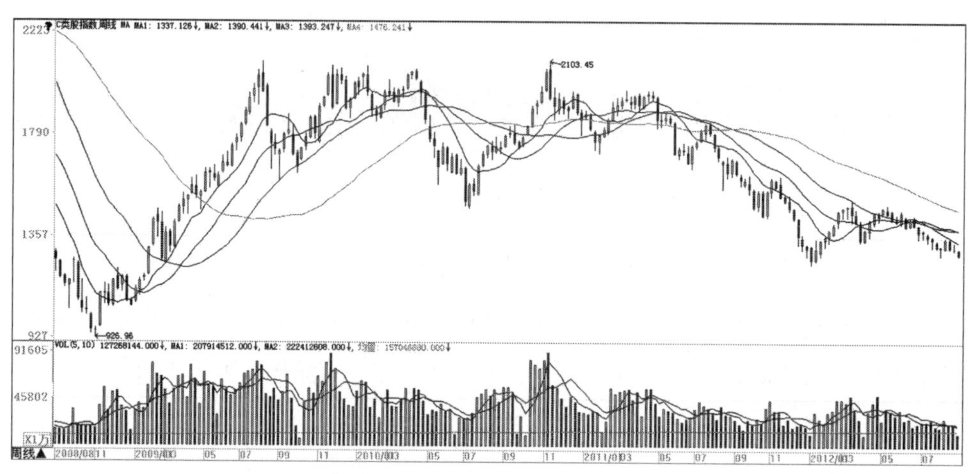

图2-8

图2-8所示的是C类股指数自2008年年底至2012年8月底的周K线图。自2008年年底至2009年8月初，C类股指数上涨了111%，涨幅略高于大盘。随后，跟随大盘进入震荡行情，在震荡行情中，由于中小板股票遭到炒作，C类股指数创下了2009年8月初之后的又一高点，但是随后，C类股指数再次跟随大盘进入调整行情中，2011年8月，C类股指数由于缺乏业绩支撑，快速跌破了震荡行情的格局，2011年8月至2012年8月累计下跌了27%，与大盘的下跌幅度相当，如果从2010年年底的阶段高点来看，C类股指数下跌了近38%，与大盘基本相当。

图2-9所示的是D类股自2008年年底至2012年8月的周K线图。2008年年底至2009年8月初，D类股指数累计上涨了156%，反弹力道充分。随后，D类股指数跟随大盘进入震荡行情，2011年8月至2012年8月，D类股指数遭受重创，累计下跌了41%，远远大于大盘的下跌幅度，

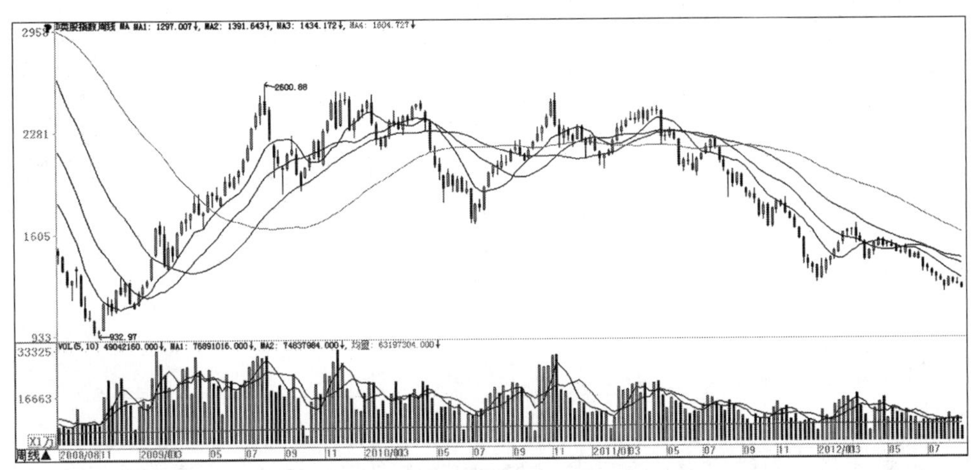

图 2－9

自 2009 年 8 月初的阶段高点计算，D 类股指数已累计下跌了 50%。

通过上面的讲述，我们可以发现以下规律：在大盘处于熊市后的较长期的反弹行情时，那些业绩一般的股票的表现活跃度较高，虽然此处 A 类股指数在 2008 年年底之后反弹力度也比较大，但是逼近股票总数较少，代表性不强；在大盘处于震荡市场中的震荡上涨阶段，某些基本面的题材股常会迎来投资机会；在大盘处于震荡市场偏弱势行情甚至是阶段下跌行情中，此时最安全的投资标的当属 A 类股，而 B 类股相对于 C、D 类股来说，风险也更加小。在市场处于弱势时，我们应该尽量避免对于 C、D 类股票进行操作，最大限度地保护我们的本金。

第三节 各类型股票的投资案例

通过前两节的讲述，想必大家已经开始按捺不住，想对各类股票进行实战投资了吧。

在本节，笔者将会带大家讲述一些各类股票的投资案例，让大家对各类股票的投资有一个比较清楚的认识。

我们先来看一个 A 类股的投资案例。

图 2－10

洋河股份（002304）是一家从事白酒生产和销售的公司，本公司经江苏省人民政府批准，由洋河集团作为主要发起人，联合上海海烟、综艺投资、上海捷强、江苏高投、中食发酵、南通盛福等 6 家法人和杨廷栋、张雨柏、陈宗敬、王述荣、高学飞、冯攀台、朱广生、钟玉叶、薛建华、沈加东、周新虎、吴家杰、丛学年、范文来等 14 位自然人，以发起设立方式，于 2002 年 12 月 27 日设立的股份有限公司。公司设立时在江苏省工商行政管理局领取了企业法人营业执照。公司设立时的注册资本为 6800 万元，全体股东共出资 10372.02 万元，按 1∶0.65561 的相同比例折股，股份总数为 6800 万股。2009 年 11 月，公司股票登录深圳交易所，发行 4500 万股，募集资金 27 亿元。

图 2－10 是洋河股份自 2009 年上市以来的周 K 线图。我们注意到，自洋河股份上市以来，2 年多时间已经上涨了约 205%。作为一直流通股本只有 4 亿股，总股本只有 9 亿股的洋河股份，其总市值最高曾经达到 1300 多亿元，其总市值已经超过中国太保这样的老牌保险公司。对于这样一只不断上涨的股票，我们是否还可以介入，其上涨的根源又是什么，接下来笔者来为大家解惑。

首先，我们来看看洋河股份上市以来的基本面情况。

2009年上市前不久，中信建投证券公司研究报告指出其是白酒行业的一匹黑马。

该研究报告如是说：

历史悠久的洋河大曲可以考证的历史有600年，1915年参加过巴拿马国际博览会，1979年跻身八大名酒之列。白酒深厚的文化底蕴是企业核心竞争力之一。洋河的发展拥有坚实的酒文化基础。

迅速崛起的蓝色经典，开创白酒行业先河，但显然洋河的经营者没有过多倚重洋河的传统与文化，而是在创新上下足了工夫。公司推出另一高端品牌——蓝色经典，无论是从品质定位上、文化蕴意上还是包装形状和使用蓝色上，都开创了白酒行业先河，给人以耳目一新的感觉。产品本身的设计已经使蓝色经典的快速崛起成功了一半。

深度营销，“1+1”营销模式的成功关键在于渠道为王在酒水行业是制胜法宝。洋河公司采取经销商与厂家紧密配合的“1+1”模式。与大区粗放式管理方式不同，公司在目标市场直接设置营销网点，并派驻厂家代表，协同经销商铺货、促销、维护市场。这种模式增强了公司对市场和终端的控制能力，促进产品销售。

白酒行业是经久不衰的行业，洋河发展潜力依然很大。我们认为中国经济越是发展，本民族的产品越会发扬光大，王老吉的兴起就证明这一点。我们预计未来3年，白酒行业复合增长率在15%以上。2011年行业总产值接近2000亿元，白酒总产量超过600万吨。

公司高速增长期尚在延续。2008年，公司白酒年销售量达7.8万吨，营业收入为26.8亿元。无论销售量，还是收入水平占行业比重都还较低。公司已跻身到行业前6名，未来还会保持高于行业的发展水平。利润增长点在于省外市场拓展与高终端产品比重的增加。本次募集资金项目支持公司的发展目标。

合理估值为70元左右，公司预计2009—2011年摊薄每股收益将达到2.43元、2.97元和3.6元。

相对估值给予2010年动态PE25倍，上市后合理价位在70元左右。

2009年11月6日，洋河股份正式登录深圳交易所，当天收盘价为

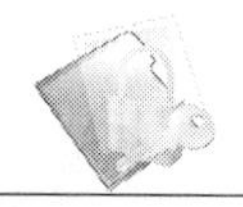

87.91元，已经超过了中信建投证券公司研究报告的评估价70元，可见洋河股份深受投资者们的喜爱，尤其是深受那些机构投资者们的喜爱。随后洋河股份缓慢上涨，至2009年年末已经上涨了16%。

2009年年报显示，洋河股份每股收益为2.786元，已经超出了之前中信建投证券公司的预测收益。

进入了2010年，洋河股份业绩更加蒸蒸日上，仅半年报业绩就已经达到每股收益2.372元，远远超过了在其上市前分析师们对其的预期。

2010年8月20日，申银万国证券发布分析报告指出：

洋河股份业绩符合预期：上半年洋河股份营业收入34.9亿元，同比增长93.2%，其中洋河蓝色经典收入预计同比增长60%～70%（梦之蓝预计增长200%以上，天之蓝预计增长80%以上），4月份开始双沟并表也有助于收入的增长。上半年归属于母公司的净利润为10.7亿元，同比增长81.4%，EPS为2.372元，符合预期。

投资评级与估值：上调2010—2012年EPS至4.96元、7.51元和10.28元，分别增长78.0%、51.4%和36.9%。公司优异的股权结构、超强的管理和营销能力使我们预期2011—2013年洋河的净利润复合增长率仍有望达到35%～40%，因而上调12个月目标价至263～300元，对应11年PE 35～40倍。

有别于大众的认识：1. 自上市当日起我们持续推荐并战略性看好洋河的理由：(1) 治理结构好，管理团队在业内最有动力；(2) 管理和营销能力突出并且业界公认；(3) 定位中高档酒为主（2004—2007年是超高端白酒的消费升级，2009—2012年是次高端和中高端白酒的消费升级），海之蓝和天之蓝有望成为相应价位的全国性第一品牌，当然，超高端梦之蓝的增长势头也超出预期；(4) 正逐渐成为全国性品牌，品牌力正处于快速上升期，上半年省外市场收入增长138%；(5) 将成为行业整合的领跑者（帝亚吉欧就是靠不断收购兼并才使得市值接近3000亿元）。2. 管理和营销能力超强表现为：(1) 真正将白酒作为消费品来营销，以消费者需求为导向来设计和营销产品；(2) 把握了中国白酒未来的发展趋势——低度化、绵柔清爽化、时尚化；(3) 深度营销业内领先。3. 上半年梦之蓝及省外市场收入增长超预期，未来两者将成为重要的盈利增长点。上半年梦之蓝收入增长200%以上，2010年预计能到6亿～8亿元，明年预计再增长60%～100%，上半年蓝色经典省外收入预计增长100%以上，上海、广东等地均翻番不止。4. 上半年盈利快速增长的原因：（1）销售结构的不断优化使得吨酒价格不断提升。（2）全国化布局已进入第二步，省外市场拓展迅速，拐点放量，多数省市呈现翻番增长。2010年预计有10个省市收入过亿元，2012年目标是所有省市均过亿元。5. 产品将跟随提价。茅台、五粮液、1573等终端价格不断上涨后最大的受益者其实是中档酒。6. 洋河股份的投资机会来自多数投资者尚不熟悉公司变为越来越多的投资者认可。

股价表现的催化剂：与双沟的整合效应不断体现；年报高比例送转股的预期；业绩不断超市场预期；行业内并购；市场不断认可后相对估值不断提升。

随着洋河股份业绩不断增加，同时产业整合预期的不断推进，分析师们也逐渐调高了对其的估值水平，从之前上市前的25倍PE已经调高至2010年8月的35倍左右了。

二级市场上，洋河股份股价更是突飞猛进，在2010年11月26日创出284.6元的新高，稳健的业绩增长，洋河股份作为高价股仍然得到了中国机构投资者们的认可。

2010年，洋河股份每股收益达到4.899元，再次符合了券商的预期。

进入2011年，洋河股份进入了阶段调整行情中，但是我们观察洋河股份的业绩情况可以发现，虽然增长速度并没有2010年那么迅猛，但是2011年3季度每股收益还是达到了3.24元，这个业绩也是支撑其高价的原因。

进入到2011年6月以后，随着上涨指数展开短暂反弹，洋河股份走入了上升通道，1个多月上涨了近50%，并且创出之前的历史新高，成为此阶段涨幅领先的股票。

自2011年8月至2012年初期，洋河股份经历了一段调整行情，随后，洋河股份再次爆发，再创新高，直至2012年7月，洋河股份才进入阶段调整行情。

下面我们再来看看洋河股份上市以来的每股收益情况。

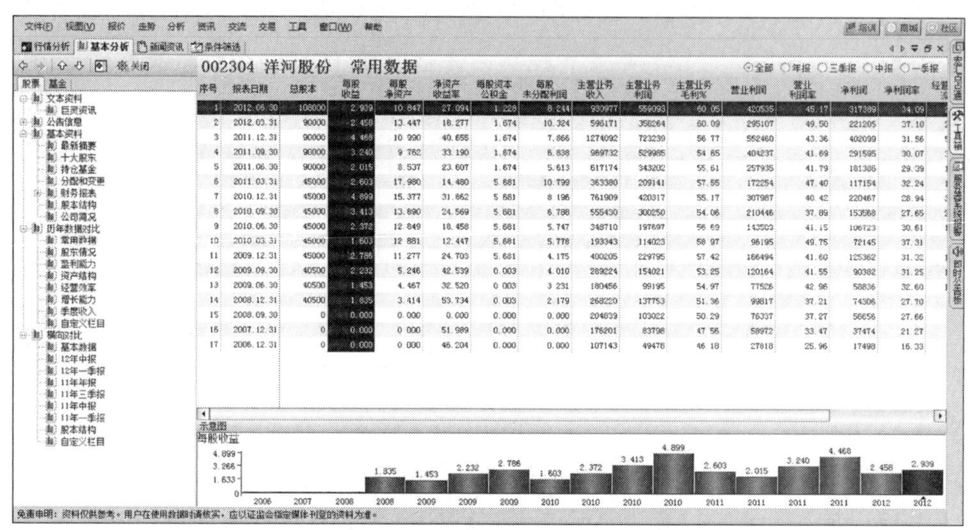

002304 洋河股份 常用数据

序号	报表日期	总股本	每股收益	每股净资产	净资产收益率	每股资本公积金	每股未分配利润	主营业务收入	主营业务利润	主营业务毛利%	营业利润	营业利润率	净利润	净利润率
1	2012.06.30	108000	2.939	10.847	27.094	1.228	8.244	930977	559093	60.05	420535	45.17	317389	34.09
2	2012.03.31	90000	2.458	13.447	18.277	1.674	10.324	596171	358264	60.09	295107	49.50	221205	37.10
3	2011.12.31	90000	4.468	10.990	40.655	1.674	7.866	1274092	723239	56.77	552460	43.36	402099	31.56
4	2011.09.30	90000	3.240	9.762	33.190	1.674	6.838	969732	529985	54.65	404237	41.69	291595	30.07
5	2011.06.30	90000	2.015	8.537	23.607	1.674	5.613	617174	343202	55.61	257935	41.79	181386	29.39
6	2011.03.31	45000	2.603	17.980	14.480	5.681	10.799	363380	209141	57.55	172254	47.40	117154	32.24
7	2010.12.31	45000	4.899	15.377	31.862	5.681	8.196	761909	420317	55.17	307987	40.42	220467	28.94
8	2010.09.30	45000	3.413	13.890	24.569	5.681	6.788	555430	300250	54.06	210448	37.89	153588	27.65
9	2010.06.30	45000	2.372	12.849	18.458	5.681	5.747	348710	197697	56.69	143503	41.15	106723	30.61
10	2010.03.31	45000	1.603	12.881	12.447	5.681	5.778	193343	114023	58.97	96195	49.75	72145	37.31
11	2009.12.31	45000	2.786	11.277	24.703	5.681	4.175	400205	229795	57.42	166494	41.60	125362	31.32
12	2009.09.30	40500	2.232	5.246	42.539	0.003	4.010	289224	154021	53.25	120164	41.55	90382	31.25
13	2009.06.30	40500	1.453	4.467	32.520	0.003	3.231	180456	99195	54.97	77526	42.96	58836	32.60
14	2008.12.31	40500	1.835	3.414	53.734	0.003	2.179	268220	137753	51.36	99817	37.21	74306	27.70
15	2008.09.30	0	0.000	0.000	0.000	0.000	0.000	204839	103022	50.29	76337	37.27	56656	27.66
16	2007.12.31	0	0.000	0.000	51.989	0.000	0.000	176201	83798	47.56	58972	33.47	37474	21.27
17	2006.12.31	0	0.000	0.000	46.204	0.000	0.000	107143	49478	46.16	27818	25.96	17498	16.33

图 2－11

通过图 2－11 我们发现，洋河股份自上市以来，每年的年度每股收益都在 2.5 元以上，且业绩还一直保持高速增长的状态。自 2010 年开始，洋河股份便一直属于笔者所说的 A 类股中的稳定增长股，正是由于这样的基本面条件，才造就了洋河股份的奇迹。

自 2010 年起，我们认定其为 A 类股之后，在其股价的阶段回调时，我们便可以大胆介入，享受 A 类稳定增长股带给我们的稳定收益。

我们继续来看一个 B 类股的投资案例。

乐视网（300104）是一家从事互联网视频及手机电视等网络视频技术的研究、开发和应用，主要经营网络视频基础服务和视频平台增值服务业务的公司。公司由乐视移动传媒科技（北京）有限公司整体变更设立。2009 年 1 月 15 日乐视传媒股东会做出决议，整体变更为乐视网信息技术（北京）股份有限公司，以变更基准日 2008 年 12 月 31 日经审计净资产 14282.46 万元折为 7500 万股，每股面值 1 元，余额 6782.46 万元作为资本公积。2009 年 2 月 2 日，利安达会计师事务所出具利安达验字〔2009〕第 A1003 号《验资报告》，对公司注册资本进行审验。2009 年 2 月 10 日，公司在北京市工商行政管理局注册登记并取得《企业法人营业执照》。2010

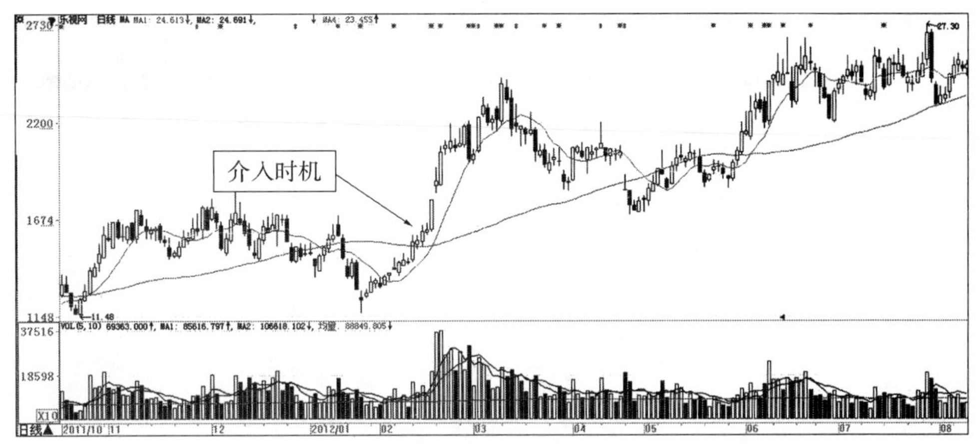

图 2 - 12

年 8 月，乐视网登录创业板，发行 2500 万股，融资 7.3 亿元。

图 2 - 12 所示的是乐视网自 2011 年 10 月至 2012 年 8 月这段时间的日 K 线图。根据 2011 年年底每股收益的筛选，乐视网属于 B 类股的标准。自 2012 年 1 月，大盘开始阶段反弹，乐视网股价便开始走强，在这样的环境下，我们能否对技术面走入上涨趋势的乐视网进行投资呢?

要回答这个问题，我们先来看看乐视网的基本面情况。

我们先来看看乐视网上市以来的每股收益列表。

图 2 - 13 所示的是乐视网上市以来的业绩情况，2008—2011 年这几年乐视网的每股收益分别为 0.508 元、0.593 元、0.701 元、0.596 元，从乐视网的每股收益情况来看，自 2008 年开始，乐视网的业绩一直处于稳步增长的势头。

从业绩情况来看，乐视网属于 B 类股中的稳定增长类股票。

为了对乐视网的基本面有一个更加清晰的了解，下面我们就来看看在这一时期不同券商对于乐视网的分析。

我们先来看民生证券分析师李峰在 2011 年 12 月 28 日对乐视网的简评，内容如下：

一、事件概述

近期，乐视网公司发布 2011 年年度业绩预增公告：报告期内，公司

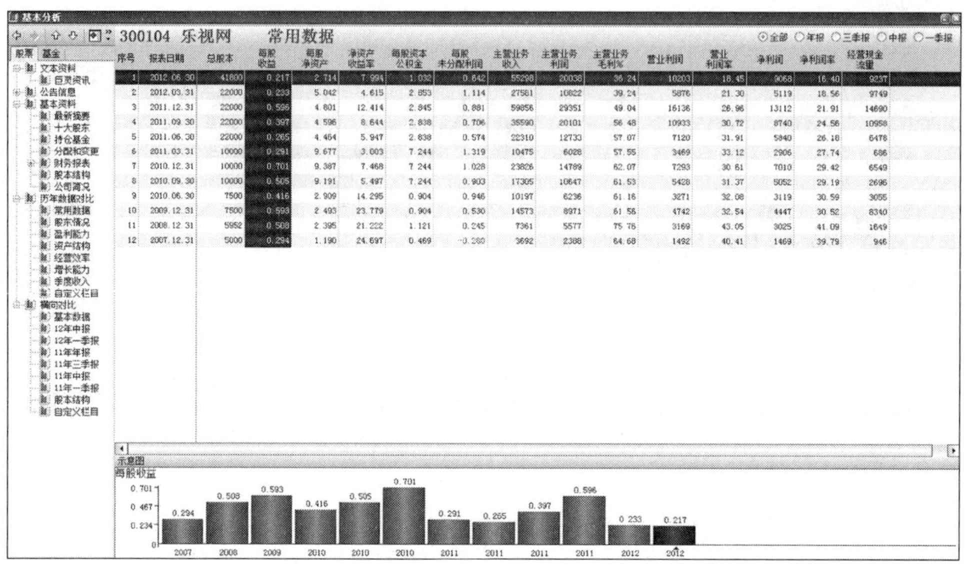

300104 乐视网 常用数据

序号	报表日期	总股本	每股收益	每股净资产	净资产收益率	每股资本公积金	每股未分配利润	主营业务收入	主营业务利润	主营业务毛利%	营业利润	营业利润率	净利润	净利润率	经营现金流量
1	2012.06.30	41800	0.217	2.714	7.994	1.032	0.842	55298	20038	36.24	10203	18.45	9068	16.40	9237
2	2012.03.31	22000	0.233	5.042	4.615	2.853	1.114	27581	10822	39.24	5876	21.30	5119	18.56	9749
3	2011.12.31	22000	0.596	4.801	12.414	2.845	0.881	59856	29351	49.04	16136	26.96	13112	21.91	14690
4	2011.09.30	22000	0.397	4.596	8.644	2.838	0.706	35590	20101	56.48	10933	30.72	8740	24.56	10958
5	2011.06.30	22000	0.265	4.464	5.947	2.838	0.574	22310	12733	57.07	7120	31.91	5840	26.18	6478
6	2011.03.31	10000	0.291	9.677	3.003	7.244	1.319	10475	6028	57.55	3469	33.12	2906	27.74	686
7	2010.12.31	10000	0.701	9.387	7.468	7.244	1.028	23826	14789	62.07	7293	30.61	7010	29.42	6549
8	2010.09.30	10000	0.505	9.191	5.497	7.244	0.903	17305	10647	61.53	5428	31.37	5052	29.19	2696
9	2010.06.30	7500	0.416	2.909	14.295	0.904	0.946	10197	6236	61.16	3271	32.08	3119	30.59	3055
10	2009.12.31	7500	0.593	2.493	23.779	0.904	0.530	14573	8971	61.56	4742	32.54	4447	30.52	8340
11	2008.12.31	5952	0.508	2.395	21.222	1.121	0.245	7361	5577	75.76	3169	43.05	3025	41.09	1649
12	2007.12.31	5000	0.294	1.190	24.697	0.469	-0.280	3692	2388	64.68	1492	40.41	1469	39.79	946

图 2－13

净利润为 12，477.70 万～13，318.89 万元，同比增长 78%～90%，折合每股收益为 0.57～0.61 元。

二、分析与判断

业绩基本符合我们的预期，净利润同比增长 78%～90%，EPS 为 0.57～0.61 元。

1. 净利润高增长原因为：

（1）网络视频行业环境日益改善，近年来行业成长性较高；

（2）公司不断加强品牌推广，完善产品用户体验，开拓有效营销模式，包括“视频平台广告发布收入”“网络高清视频服务收入”“网络视频版权分销收入”等各项主营业务均有较大幅度增长，从而实现净利润高增长。

2. 虽然此次业绩预增公告并无营收数据，但我们判断，公司 2011 年营收同比增长或为 110%～130%。净利润增速低于营收增速的原因为：由于业务发展需要，公司人员规模扩充较快，且相关费用上涨较快。

网络视频行业呈现“野蛮生长”状态，竞争正从“无序”走向“有序”，利于公司发展。

3. 网络视频行业已从初期的“盗版横行”的野蛮生长状态发展到目前“版权争夺”阶段。

(1) 首先，经过7年的市场培育，网络视频用户规模不断壮大，且付费环境正在形成；

(2) 其次，广电总局“限娱令”的出台，使得视频网站与传统电视台的内容差距逐渐缩小。当前网络视频运营商的竞争围绕着电视剧、电影等视频版权展开，竞争趋向有序。

(3) 公司在优质网络版权市场占有率不断提升，2011年热播电视剧的独家网络版权占有率超过70%、含非独家的网络版权覆盖率超过95%，并且已经预先锁定了2012年以及2013年热播影视剧独家网络版的30%；

(4) 加之公司与土豆网实现联姻，共同开拓视频广告市场，因此，公司2012—2013年的高成长是有保障的。

《后宫珍嬛传》或为公司2012年带来超预期业绩

1. 为快速提升网站流量，公司实施“自制剧”及“首播剧”“独播剧”战略。例如近期的《黑狐》《人到四十》《请你原谅我》《吧嗒吧嗒》《凤图腾》、新版《亮剑》等电视剧，使得公司流量获得较快增长。

2. 公司将于2012年3月与卫视台同步播放《后宫珍嬛传》。《后宫珍嬛传》由著名导演郑晓龙执导，改编自网络畅销小说，全剧76集。该剧虽为宫斗剧，但更注重人性及心理刻画。演员阵容、对白、服装、道具等均具较强看点，在北京地面播出时收视率一再创新高，最高达到13.99。我们判断，该剧有望为公司带来较高的广告收入，使得公司业绩超过预期。

三、盈利预测与投资建议

预计2011—2013年EPS分别为0.61元、0.95元和1.33元，当前股价对应2011—2013年PE为46X、29X、21X。我们对公司维持“强烈推荐”评级，现阶段仍给予30元目标价。但鉴于公司业绩具有持续超预期的可能性，一旦得到确认，后期我们将上调公司目标价。

此前，公司股价一度创出35.08元新高。但近期大盘回落较大，投资者悲观情绪蔓延，公司股价亦随之回落。我们建议投资者，一旦大盘企

稳，可积极参与、介入该股票。

四、风险提示：

（1）宏观经济下滑；（2）影视网络盗版行为打击不力；（3）其他视频网站、IPTV 及有线电视运营商等竞争加剧。

从民生证券的分析来看，公司各项业务稳步发展，公司维持高业绩增长是大概率事件。

再来看 2012 年 1 月 12 日，银河证券分析师许耀文等对乐视网的调研报告，内容如下：

一、事件

乐视网发布公告，与 CNTV 签署战略性合作协议，利用各自政策、内容、产品、技术及资源优势，合作推广互联网电视业务，合作期限 1 年。

二、我们的分析与判断

1. 与 CNTV 合作，拿到超清播放机销售通行证。

根据广电总局 181 号文的规定，互联网电视产业链上的厂商都必须与 7 家牌照商合作。通过与 CNTV 的合作，乐视网相当于获得销售“乐视云视频超清播放机”的通行证，公司将开始在上海、杭州、长沙三个首批三网融合试点城市开展互联网电视机顶盒业务（2010 年试商用），并将进一步按照政策指引在其他试点城市进行有计划投放；与此同时，公司持有的大量版权内容可以放入 CNTV 互联网电视平台，参与未来付费内容收益分成。

CNTV 拥有中国最大的正版网络视频数据库，公司超清播放机嫁接 CNTV 的内容平台，无疑为随后的热销奠定了基础。

2. 公司“一云多屏”战略领先其他视频网站。

先发优势：乐视网已经有成型的 TV 机顶盒和手机端产品，其他视频网站基本还没有开始，公司的超清播放机一旦投放三网融合试点地区，将具有独占市场的先发优势。

内容优势：根据 181 号文，互联网电视只能播放电视版权，乐视网所购买版权基本都包含互联网电视和手机电视版权，而其他视频网站购买的网络视频版权则无法在互联网电视播出。

3. 互联网电视将成为公司新的业绩增长点。

三网融合第二批试点开放42个城市，相比第一批12个城市进度已经明显加快，政策层面阻力不再，而电信光纤到户和宽带提速的战略为互联网电视的开展提供网络基础，从这两个因素看，互联网电视存在爆发的潜力（百事通计划3年做到1000万互联网电视用户）。

公司的收益来源主要包括超清播放机销售收入和1年免费期满后的月度内容服务费。相比之前2000元和3000元的价位，预计公司未来将会采用更加灵活的价格策略。

2010H1公司试商用期间已经销售机顶盒2788台，在嫁接CNTV平台并获准在试点地区销售之后，我们预计2012年高清播放机销售规模有望达到10万～15万台，2013年达到30万～50万台规模。

三、估值、投资建议与主要风险

我们预计公司2011—2012年EPS分别为0.59元、0.97元，对应PE分别为48倍、29倍，重申“推荐”评级。

主要风险：版权均价下跌。

通过这份研究简报，我们知道乐视网与CNTV合作，拓宽了乐视网自身的业务范围，使公司在超清播放上更进一步。

下面我们再来看一份2012年2月7日，国联证券分析师李斌对于乐视网的调研简报，以下为主要内容：

事件：

公司于2012年2月6日发布合作公告，公司与网之易信息技术于2012年2月5日签订了《合作协议》。

点评：

土豆模式的又一次延伸。公司此次与网易合作，也是参照了之前的土豆模式，两公司合建网站http://163.letv.com，其中乐视网主要负责为平台提供CDN分发、视频相关信息、视频内容及视频播放技术支持。而网易为此按3个年度向乐视网支付金额总计达1亿元的累积保底经营收入(3个支付年度分别是3000万元、5000万元和2000万元)，经营分成收入按播放次数收入计算。

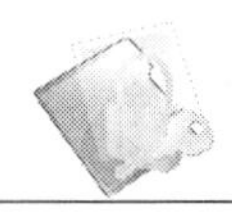

双赢合作模式有望推广。公司之前已经与视频网站的巨头土豆展开合作，现在又跟中国的互联网巨头网易展开合作，这不仅有利于公司借助于网易等知名网站扩大自己的知名度和提高用户数量和流量，同时也能够最大化利用自己重金购买的独家网络影视版权。而像土豆和网易等互联网巨头，也有望凭借优惠的价格，进一步扩充自己的视频版权内容，从而进一步在网络视频领域占有一席之地，此类合作模式是双赢。我们认为未来乐视网还有望进一步与其他知名网站采取此类模式合作。

乐视超清机迎来关键一年，我们认为上述合作可以为乐视网带来显著的流量和网络广告，但 2012 年我们更为关注的还是乐视网的超清播放机的销售情况以及付费用户的增长情况，我们认为这两点才是决定未来乐视网是否能够跨进网络视频排头兵的关键之战。

投资建议：我们预测公司 2011 年、2012 年和 2013 年的 EPS 分别为 0.60 元、0.93 元和 1.38 元，我们看好公司 2012 年流量的快速提升和网络广告的快速增长，继续维持对公司长期“推荐”评级。

风险提示：乐视超清播放机销售低于预期，公司的融资出现问题。

我们看到在一个月之内，有多家券商对乐视网进行调研，撰写研究报告，而且在短短 1 个月之内，三家不同券商对乐视网的分析都有各自的亮点，而不是趋于雷同，对于乐视网的业绩，三家券商都给予了非常相近的估值。从各家券商的估值来看，乐视网业绩在 2012 年保持快速增长是大概率事件，因此，认定乐视网 2012 年仍处于 B 类稳定增长股的前提下，在乐视网股价 2012 年初期进入上涨趋势后买入，是非常不错的投资策略。

此后，乐视网股价累计上涨了 107%，涨幅远远领先于同期大盘的走势。

我们再来看一个 C 类股的投资案例。

沧州大化（600230）是一家从事生产和销售化肥等化工产品的公司。公司由河北沧州大化集团有限责任公司为主发起人，以其部分经营性净资产作为出资，联合中国化学工程第十三建设公司、中国农业生产资料天津公司、河北沧州塑料集团股份有限公司、河北三威贸易有限责任公司等四家企业，以现金作为其各自出资，共同发起设立。2000 年 4 月，公司股票

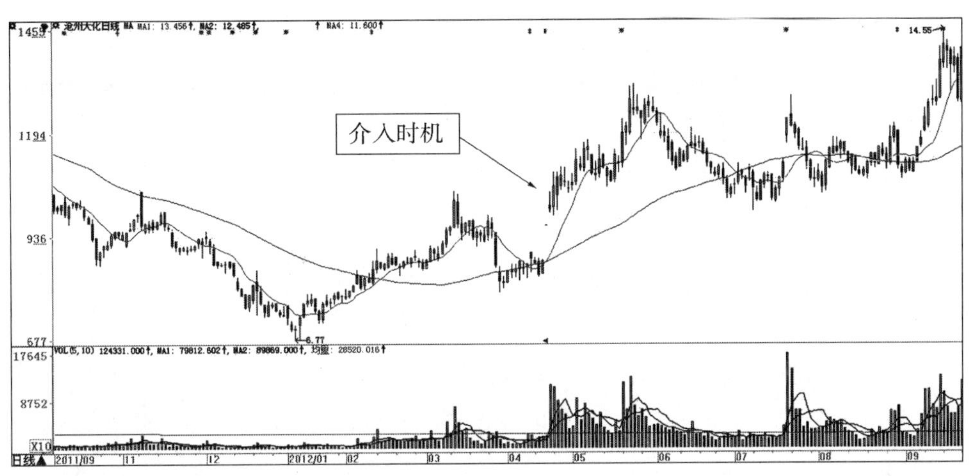

图 2－14

登录上海交易所，发行 8000 万股，募集资金 3. 536 亿元。

图 2－14 所示的是沧州大化自 2011 年 9 月至 2012 年 9 月这段时间的日 K 线图。根据 2012 年一季度每股收益的筛选，沧州大化属于 C 类股的标准。自 2012 年 1 月，大盘开始阶段反弹，沧州大化逐步走出下跌趋势，2012 年 4 月，沧州大化股价在经历了一段调整之后，在 60 日均线处企稳，随后沧州大化股价又逐步进入上涨通道，在这样的环境下，我们能否对技术面走入上涨趋势的沧州大化进行投资呢？

要回答这个问题，我们先来看看沧州大化的基本面情况。

我们先来看看沧州大化上市以来的每股收益列表。

从图 2－15 我们可以看到，2009 年沧州大化的业绩迎来低潮期，2010 年之后，沧州大化的业绩开始了逐步复苏，2009—2011 年这三年，沧州大化每股收益分别为 0. 258 元、0. 368 元、0. 271 元。虽然 2010 年，公司业绩出现了小幅下滑，但是最近 3 年公司业绩仍保持稳步增长的势头，2012 年一季度，沧州大化实现每股收益 0. 196 元，较去年同期大幅上涨。

由此来看，沧州大化已经步入业绩快速增长型的 C 类股行列。

2012 年 4 月 19 日，沧州大化公布了一季度的业绩报告，沧州大化 2012 年 1 ～ 3 月每股收益 0. 196 元，每股净资产 4. 983 元，净资产收益率 4. 0221%，营业收入 7. 28 亿元，同比增长 22. 55%，净利润 5082. 89 万元，

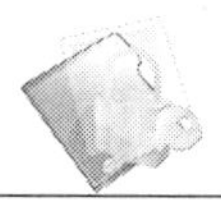

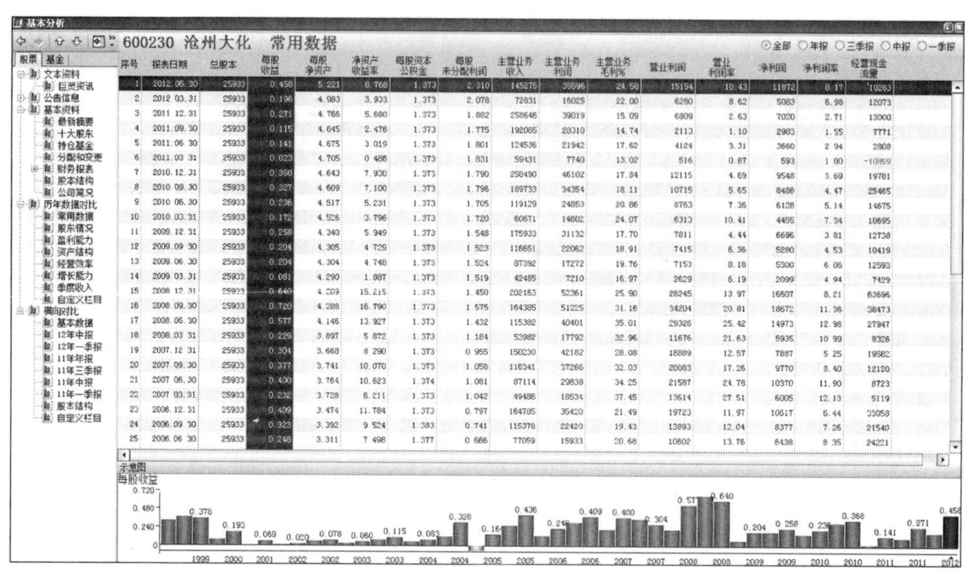

600230 沧州大化 常用数据

序号	报表日期	总股本	每股收益	每股净资产	净资产收益率	每股资本公积金	每股未分配利润	主营业务收入	主营业务利润	主营业务毛利%	营业利润	营业利润率	净利润	净利润率	经营现金流量
1	2012.06.30	25933	0.458	5.221	8.768	1.373	2.310	145275	35596	24.50	15154	10.43	11872	8.17	10263
2	2012.03.31	25933	0.196	4.983	3.933	1.373	2.078	72831	16025	22.00	6280	8.62	5083	6.98	12073
3	2011.12.31	25933	0.271	4.766	5.680	1.373	1.882	258646	39019	15.09	6809	2.63	7020	2.71	13000
4	2011.09.30	25933	0.115	4.645	2.476	1.373	1.775	192065	28310	14.74	2113	1.10	2983	1.55	7771
5	2011.06.30	25933	0.141	4.675	3.019	1.373	1.801	124536	21942	17.62	4124	3.31	3660	2.94	2808
6	2011.03.31	25933	0.023	4.705	0.486	1.373	1.831	59431	7740	13.02	516	0.87	593	1.00	-10899
7	2010.12.31	25933	0.368	4.643	7.930	1.373	1.790	258490	46102	17.84	12115	4.69	9548	3.69	19781
8	2010.09.30	25933	0.327	4.609	7.100	1.373	1.796	189733	34354	18.11	10715	5.65	8486	4.47	25465
9	2010.06.30	25933	0.236	4.517	5.231	1.373	1.705	119129	24853	20.86	8763	7.36	6128	5.14	14675
10	2010.03.31	25933	0.172	4.526	3.796	1.373	1.720	60671	14602	24.07	6313	10.41	4455	7.34	10695
11	2009.12.31	25933	0.258	4.340	5.949	1.373	1.548	175933	31132	17.70	7811	4.44	6696	3.81	12738
12	2009.09.30	25933	0.204	4.305	4.729	1.373	1.523	116651	22062	18.91	7415	6.36	5280	4.53	10419
13	2009.06.30	25933	0.204	4.304	4.748	1.373	1.524	87392	17272	19.76	7153	8.18	5300	6.06	12593
14	2009.03.31	25933	0.081	4.290	1.887	1.373	1.519	42485	7210	16.97	2629	6.19	2099	4.94	7429
15	2008.12.31	25933	0.640	4.209	15.215	1.373	1.450	202163	52361	25.90	28245	13.97	16607	8.21	63696
16	2008.09.30	25933	0.720	4.288	16.790	1.373	1.575	164365	51225	31.16	34204	20.81	18672	11.36	38473
17	2008.06.30	25933	0.577	4.146	13.927	1.373	1.432	115382	40401	35.01	29326	25.42	14973	12.98	27947
18	2008.03.31	25933	0.229	3.897	5.872	1.373	1.184	53982	17792	32.96	11676	21.63	5935	10.99	8326
19	2007.12.31	25933	0.304	3.668	8.290	1.373	0.955	150230	42182	28.08	16889	12.57	7887	5.25	19582
20	2007.09.30	25933	0.377	3.741	10.070	1.373	1.058	116341	37266	32.03	20083	17.26	9770	8.40	12120
21	2007.06.30	25933	0.400	3.764	10.623	1.374	1.081	87114	29838	34.25	21587	24.78	10370	11.90	8723
22	2007.03.31	25933	0.232	3.728	6.211	1.373	1.042	49486	18534	37.45	13614	27.51	6005	12.13	5119
23	2006.12.31	25933	0.409	3.474	11.784	1.373	0.797	164765	35420	21.49	19723	11.97	10617	6.44	33058
24	2006.09.30	25933	0.323	3.392	9.524	1.383	0.741	115378	22420	19.43	13893	12.04	8377	7.26	21540
25	2006.06.30	25933	0.248	3.311	7.498	1.377	0.666	77059	15933	20.68	10602	13.76	8438	8.35	24221

图 2－15

同比增长 757.36%。

长江证券分析师刘俊对其进行了如下点评：

一季度业绩超预期，净利润同比增长 757.36%，主要来自于尿素和 TDI 业务联合发力：一季度尿素业务天然气供应充分，盈利超预期；TDI 业务一季度国际巨头提价后，扭转亏损局面；TDI 提价后，目前行业处于盈亏平衡状态，根据我们的测算，预计公司 TDI 业务毛利率一季度已经回升至 12%～15%；根据我们统计的产能装置安排，我们预计 2012 年上半年 TDI 向下的概率极低，未来随着家具市场的进一步复苏，TDI 有望步入复苏阶段；我们预测公司 2012—2014 年每股收益分别为 0.76 元、0.89 元和 1.20 元，尿素业务为公司提供业绩安全边际；此外，TDI 行业中长期处于底部提升，有望改善公司 2012 年的盈利能力，我们测算，TDI 价格上涨 1000 元，公司 2012 年每股收益增厚 0.19 元。基于此，维持我们在 2012 年 3 月 26 日《TDI 反倾销调查，利好国内 TDI 企业》报告中对沧州大化推荐评级。

2012 年 5 月，沧州大化投产了 7 万吨 TDI 项目，以此为契机，长城证券分析师刘俊继续对沧州大化进行了跟踪研究：

本项目采用的工艺技术来自于瑞典国际化工，与公司2009年投产的5万吨TDI项目技术来源一致。本次7万吨项目投产后，公司TDI产能将达到15万吨，权益产能将达到13.5万吨。

项目顺利投产，再一次证实公司在TDI领域的技术水平：我们在前期的报告中曾经提出TDI技术难度较高，掌握其生产工艺技术的公司较少。沧州大化投料试生产进展顺利，这再次证明公司在TDI领域的竞争优势。

我们维持在前期沧州大化深度报告中对TDI上半年行情看好的判断：从各大生产企业5月份的挂牌报价来看，均呈现出或多或少的上涨幅度，我们认为五六月份检修集中的行业背景将支撑TDI景气度提升。尤其是上海巴斯夫将检修计划定在6月份，届时货源将持续紧张，我们看好接下来TDI行业的表现。

全球范围内，陶氏在4月份宣布永久关停位于巴西的6.5万吨/年的TDI装置，我们对此的看法一如既往：全球范围内TDI的实际供需结构远比工业界及资本市场预期的好。国外企业的扩产项目主要着眼于替代其在其他区域的陈旧装置，因此从全行业范围来看，新增产能对行业供需结构的影响较为有限。

本次项目投产后，公司TDI产能将增加至15万吨，权益产能将达到13.5万吨，TDI每上涨1000元，可以增厚公司每股收益0.39元。

我们维持之前对公司2012—2014年每股收益0.76元、0.89元和1.20元的盈利预测。上半年尿素行业超预期的表现将给公司提供业绩安全边际，而TDI向好的局面无疑可为公司提供业绩高弹性。维持对沧州大化的推荐评级。

风险因素：尿素盈利下滑、天然气价格上调；TDI项目投产初期盈利低于预期。

根据长江证券的预测，2012年，沧州大化的每股收益将达到0.76元，这样的业绩增长，使得沧州大化成为C类股中业绩暴增的股票。在这样的基本面环境里，我们对沧州大化充满信心。在2010年4月沧州大化股价再次进入上涨趋势时，我们迎来了买入良机，此后，大盘一路下挫，而沧州大化股价上涨了48%。

可见，投资业绩快速增长，并且业绩基数良好的 C 类股，我们也能获得非常不错的收益。

我们最后来看一个 D 类股的投资案例。

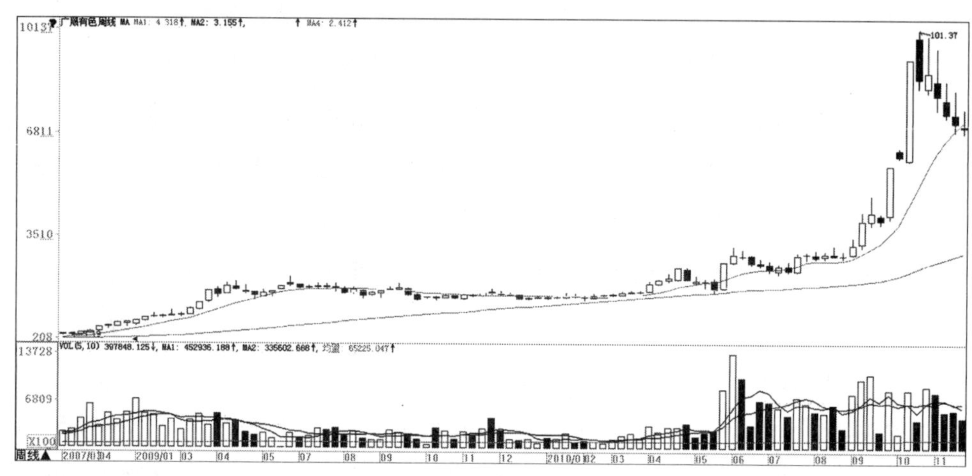

图 2-16

广晟有色（600259）是一家从事有色金属开采、加工与销售的公司。公司于 1992 年 8 月 8 日经海南省股份制试点领导小组批准，在对海南兴业聚酯有限公司进行规范化改制的基础上，由海南省纺织工业总公司、海南国际（海外）投资有限公司、中国银行海口信托咨询公司、交通银行海南分行和中技海南实业公司共同发起，以定向募集方式设立。2000 年 5 月，公司股票登录上海交易所，发行 7000 万股，募集资金 3. 08 亿元。

图 2-16 所示的是广晟有色金属集团有限公司自 2007 年至 2010 年这几年时间的周 K 线图。2009 年 1 月至 2010 年 10 月这一年多时间里，广晟有色金属集团有限公司股价累计上涨了 1124%。在 1 年多的时间里，股价上涨 11 倍以上，表现令人惊叹，更加令人意想不到的是，这样的一家公司，曾经是一家已经暂停上市的 D 类股。

2007 年 5 月 21 日，当时广晟有色公司名为 S＊ST 聚酯，公司接到上海证券交易所上证上字〔2007〕107 号《关于对海南兴业聚酯股份有限公司股票实施暂停上市的决定》：因公司 2004 年、2005 年、2006 年连续三年经审计的净利润为负数，根据《上海证券交易所股票上市规则》第

14.1.1和14.1.7条的规定，决定公司股票自2007年5月25日起暂停上市。

经历了一年多时间的停牌后，2009年1月19日，ST聚酯实施了股改方案，股改后，2009年1月19日，公司股票恢复上市。

股价恢复上市当日，公司发布了一则公告，内容如下：

2007年12月11日，广东广晟有色金属集团有限公司（以下简称“广晟有色”）已经与华顺实业、东方资产海口办、澄迈盛业分别签署了《股份转让协议》。同日，本公司与广晟有色签署了资产置换与新增股份认购资产协议，并获得本公司董事会、股东大会的审核通过。2008年8月28日，中国证券监督管理委员会发出《关于核准海南兴业聚酯股份有限公司向广东广晟有色金属集团有限公司发行股份购买资产的批复》（证监许可〔2008〕1062号）和《关于核准广东广晟有色金属集团有限公司公告海南兴业聚酯股份有限公司收购报告书并豁免其要约收购义务的批复》（证监许可〔2008〕1063号），批准了广晟有色收购本公司股份并豁免其履行要约收购义务。

截至目前，广晟有色收购华顺实业、东方资产海口办、澄迈盛业所持本公司股份，以及出售资产认购本公司新增3600万股已经实施完毕，具体如下：本公司原第一大股东华顺实业的所持本公司6736万股全部转让给广晟有色；本公司现第二大股东东方资产海口办已将所持本公司800万股非流通股转让给广晟有色；本公司原第三大股东澄迈盛业已将所持本公司1340万股非流通股转让给广晟有色。2008年11月27日，本公司在中国证券登记结算有限责任公司上海分公司办理了广晟有色向本公司出售资产，认购本公司定向增发的3600万股股权登记手续。

上述股权转让完成后，广晟有色已成为本公司控股股东，持有本公司合计12476万股。

广晟有色承诺本次股权转让所取得的兴业聚酯的股份，自股份转让完成过户之日起，3年内不转让。

通过上面这则公告，我们知道原先的ST聚酯壳资源已经转手到广晟有色旗下，此后不久，公司更名为ST有色。

2009年6月18日，ST有色发布一则公告，拟16.82元/股发行不超过5500万股购买优质有色资产，公告内容如下：

ST有色董事会通过《关于公司符合非公开发行股票有关条件的议案》《广晟有色金属股份有限公司发行股份购买资产框架协议》：公司拟向控股股东及战略投资者发行股份购买优质有色金属资源、资产。公司已与控股股东及战略投资者就上述事宜初步达成一致。

通过《广晟有色金属股份有限公司发行股份购买资产暨关联交易预案》：本次发行的股票为境内上市的人民币普通股（A股），每股面值1元。本次发行对象为有色集团及战略投资者。本次发行全部采取向有色集团及战略投资者定向发行的方式。

标的资产的定价：根据国家法律法规的要求及对拟购买资产的审慎调查及独立审计结果，本次交易标的资产的价格在具有证券从业资格的资产评估机构评估结果的基础上按照市场化原则确定。

本次发行价格为本次董事会公告前20个交易日股票交易均价，即ST有色2009年5月19日停牌前20个交易日股票交易均价16.82元/股。

发行数量不超过5500万股。具体发行数量尚待相关审计、评估工作完成后，提交公司下一次董事会最终确定。本次发行前如有派息、送股、资本公积金转增股本等除权除息事项，则对本价格做相应除权除息处理，发行数量也将根据发行价格的情况进行相应处理。

公司向有色集团、彭远海、胡英俊、蔡捷、邱姗姗、冯小健、冯小平、陈景桂、宏泰公司发行不超过5500万股（含5500万股）股票，收购上述交易对方持有的矿产采选、加工及仓储等相关经营性资产，具体包括有色集团持有的南储公司28%股权、晟世公司100%股权、清远嘉禾30.5%股权，彭远海、胡英俊、蔡捷、邱姗姗分别持有的清远嘉禾7%、7%、7%、9.5%股权，冯小健、冯小平、陈景桂分别持有的珠江矿业20%、20%、20%股权以及宏泰公司拥有的红岭钨矿经营性资产。

本次交易以2009年4月30日为预估值基准日，拟购买的标的资产所对应的账面净权益值约为32373万元（未经审计），预估值约为79962万元。最终交易价格以具有证券从业资格的资产评估机构出具的并经国有资产监督管理部门备案的评估结果为准。

期间损益的归属：自评估基准日至交割日期间的收益归本公司所有，亏损由相关交易对方承担。

本次交易后，公司资产规模大幅增加，主营业务规模快速上升，盈利能力增强。根据初步估算，本次交易完成后能大幅提高公司的每股收益。因此，本次交易符合全体股东特别是中小股东的利益。

由于与本次交易相关的审计、评估和盈利预测工作尚未完成，目前公司只能根据现有的财务资料和业务状况，在假设宏观经济环境、政府相关政策和公司经营没有发生重大变化的前提下，对本次交易完成后广晟有色的盈利能力进行初步分析。具体审计、评估和盈利预测数据以经审核的审计、评估数为准，公司将在本预案出具后尽快完成审计、评估和盈利预测工作并再次召开董事会会议，编制并披露《广东广晟有色金属股份有限公司发行股份购买资产暨关联交易报告书》及摘要。

本次向广晟有色集团发行的股票自登记日起36个月不上市交易或转让。本次向战略投资者发行的股票自登记日起12个月不上市交易或转让。本次向特定对象发行的股票在上海证券交易所上市交易。

本次向特定对象发行股票购买资产决议的有效期为具体发行方案提交股东大会审议通过之日起1年。

公司董事会决定在相关的审计、评估工作完成后，另行召开董事会会议讨论、完善本次向特定对象发行股票购买资产的具体方案并补充披露，同时发布召开股东大会的通知。

本次发行股份购买资产方案需提交股东大会审议通过，并经中国证监会核准后方可实施。

通过《关于聘任公司副总经理兼董事会秘书的议案》：根据公司当前工作需要，公司董事长叶列理、总经理陈振亮依据有关法律法规和公司章程规定，提名李明担任公司董事会秘书、副总经理职务。同时代行董事会秘书职责，同意其参加最近一期上海证券交易所组织的上市公司董事会秘书任职资格培训班，并在其取得董秘任职资格证书后，正式履行董事会秘书职务。

通过《关于改聘会计师事务所的议案》：由于广东大华德律会计师事务所工作安排的变更以及公司发展需要，公司决议改聘北京永拓会计师事务所有限责任公司为公司2009年年度审计机构，聘期为1年。

广晟有色把优质资源注入ST有色后，公司基本面正在逐步改善，2010年5月19日，公司股票撤销了风险警示，公司股票正式更名为广晟有色金属集团有限公司，我们来看看重组后，广晟有色的基本面亮点：

第一，自广晟有色2009年年初借壳ST聚酯以来，公司业务由化纤类转为矿产开发，以钨精矿和稀土为主，总股本2.5亿元，流通股本1.2亿元。广晟有色金属集团隶属于广晟资产经营有限公司（实际控制人是广东国资委），广晟资产旗下还有中金岭南和风华高科两家上市公司。广晟有色金属集团有意将上市公司打造成整合省内小金属的平台。

第二，大股东旗下有锡、锆、钽铌小金属资源和铜加工业务相关公司，未来很可能注入上市公司，公司存在较大的资产注入预期。

第三，公司主营钨精粉和稀土。广晟有色目前钨氧化物储量约5万吨，每年产量1300吨。稀土业务是市场关注的重点，广东稀土储量约100万吨，占全国储量的5%左右。广东目前有4张稀土采矿证，广晟拥有其中3张，另外一张属于某民营企业。广东和江西地区的稀土属于重离子型稀土，重离子型稀土因含有原子量较大的铽、镝、钬、铒、钇等元素而得名，镝近几年由于钕铁硼的发展价格在不断上涨，所以南方重稀土氧化物价格为9万/吨～10万/吨，相比北方轻稀土价格要高30%以上。重离子型稀土是我国南方所独有的稀土品种，储量少、价格高。广晟有色的稀土氧化物储量1.12万吨，每年产量1200吨。

第四，2010年年初至4月份以来，有色金属价格大幅上涨，许多涨幅超过50%，在此背景下，主营钨矿的广晟有色获得上涨的催化剂，另外，作为国家战略性品种的稀土矿，从2010年年初至4月份主要稀土氧化物均大幅上涨。南方主要稀土品种涨幅大于北方，氧化镝上涨65%，氧化铽上涨69%，作为产业链最上游的矿山资源股，涨价对其业绩提振非常明显。这是广晟有色又一大上涨催化剂。事实上，之后稀土价格涨了三四倍之多。

在经历了重组后，广晟有色有望脱胎换骨，对于像广晟有色这样在重组后基本面逐步改善的公司，对于这样的 D 类股，我们要给予高度的关注，一旦其股价迎来了上涨阶段的调整行情，便是我们介入获利的良机。

第三章

A 类股的投资

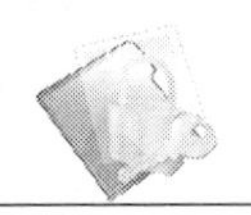

在第二章中，我们介绍了 A、B、C、D 四类股票的分类标准以及各类股票的指数情况，让我们对各类股票有了一个大致的了解。从本章开始，我们就开始分别介绍这四类股票更为细致的情况，让大家不仅了解各类股票，更要学会去利用此种分类，从而在现实股市中做好各种股票的投资。接下来我们就来看 A 类股更为细致的情况。

第一节　A 类股的分类标准及细分

虽然在第二章我们介绍了 A 类股的分类标准，在本章我们再次重申一遍，以便大家更为熟练地掌握它。

A 类股的分类标准

A 类股是指那些在过去三年年度每股收益都大于 1.5 元的，同时当年的折算每股收益也大于 1.5 元的股票。

所谓当年折算每股收益就是，如果公司当年度还没有公布年报，而市场上普遍可查询的该公司的是一季报，那么我们就可以用该股一季报的每股收益乘以四，然后估算出本年度的每股收益，如果估算出每股收益仍然大于 1.5 元，那么该股就完全符合 A 类股的标准。

A 类股股票列表

至于 A 类股的选股公式笔者已经在本书第二章详细介绍了，读者可以查阅第二章的内容，由于 A 类股股票较少，笔者在此列出，如表 3－1 所示。

表 3－1

序号	股票代码	股票简称	2009 年每股收益(元)	2010 年每股收益(元)	2011 年每股收益(元)	2012 年一季度每股收益(元)
1	000001	平安银行	1.62	1.91	2.47	0.67
2	000338	潍柴动力	4.09	4.07	3.36	0.62
3	000651	格力电器	1.55	1.52	1.86	0.39

续表

序号	股票代码	股票简称	2009年每股收益(元)	2010年每股收益(元)	2011年每股收益(元)	2012年一季度每股收益(元)
4	000869	张　裕A	2.14	2.72	3.62	1.15
5	000900	现代投资	1.58	1.99	2.06	0.43
6	002304	洋河股份	3.04	4.90	4.47	2.46
7	600123	兰花科创	2.22	2.30	2.91	0.90
8	600216	浙江医药	2.70	2.54	2.25	0.62
9	600519	贵州茅台	4.57	5.35	8.44	2.86
10	600742	一汽富维	1.68	2.70	2.02	0.41
11	601088	中国神华	1.52	1.87	2.25	0.56
12	601166	兴业银行	2.66	3.28	2.36	0.77
13	601318	中国平安	1.89	2.30	2.50	0.77
14	601699	潞安环能	1.83	2.99	1.67	0.41

A类股的细分

A类股从选股标准来看，是指那些在最近3年业绩非常不错的股票，我们也可以将其称之为白马股。但是，即便是白马股，也有不同的类型，下面我们就进一步对A类股进行细分。

（1）根据业绩的变化情况，我们可以将A类股分为稳定增长型A类股、稳定型A类股和业绩下滑型A类股。

我们来看看按照业绩的具体的分类情况。

表3-2

序号	股票代码	股票简称	2010年每股收益增长率(%)	2011年每股收益增长率(%)	2012年度预测每股收益增长率(%)	3年平均增长率(%)
1	002304	洋河股份	61.18	-8.78	120.13	57.51
2	600519	贵州茅台	17.07	57.76	35.55	36.79

续表

序号	股票代码	股票简称	2010年每股收益增长率(%)	2011年每股收益增长率(%)	2012年度预测每股收益增长率(%)	3年平均增长率(%)
3	601166	兴业银行	23.31	-28.05	30.51	8.59
4	000869	张　裕A	27.10	33.09	27.07	29.09
5	600123	兰花科创	3.44	26.51	23.50	17.82
6	601318	中国平安	21.69	8.70	23.20	17.86
7	600216	浙江医药	-5.93	-11.42	10.22	-2.37
8	000001	平安银行	17.90	29.32	8.50	18.57
9	601088	中国神华	22.86	20.48	-0.22	14.37
10	601699	潞安环能	63.22	-44.19	-1.62	5.80
11	000651	格力电器	-1.94	22.37	-16.09	1.45
12	000900	现代投资	25.95	3.49	-16.48	4.32
13	600742	一汽富维	60.71	-25.19	-18.81	5.57
14	000338	潍柴动力	-0.49	-17.44	-26.19	-14.71

由于A类股业绩本来就非常优异，再想大幅增长以及非常困难。根据表3-2，我们把2012年年度预测每股收益增长率大于30%的公司称之为稳定增长型的A类股。我们可以看到，洋河股份、贵州茅台和兴业银行3家公司符合条件，属于业绩稳定增长型的A类股票，我们可以注意到，这些稳定增长型的A类股3年平均增长率一般都处在领先的位置。

我们把2012年年度预测每股收益增长率处于0～30%的股票称之为稳定型的A类股，由表3-2可以看到，张裕A、兰花科创、中国平安、浙江医药、平安银行这5家公司都是属于稳定型的A类股，业绩保持在小幅增长中。

最后，我们把2012年年度预测每股收益增长率小于0的公司称之为业绩下滑型A类股，中国神华、潞安环能、现代投资、一汽富维和潍柴动力都属于此类公司。

（2）根据流通盘大小的不同，我们可以将A类股分为大盘A类股、中盘A类股和小盘A类股。根据笔者的习惯，把0～5亿流通股本规模的股票称之为小盘股，把5亿～30亿流通股本规模的股票称之为中盘股，而把流通股本规模在30亿元以上的股票称之为大盘股，当然，有一些流通股本规模超过100亿元之上的我们往往称其为超级大盘股。

根据此分类，中国平安、兴业银行、平安银行、中国神华属于大盘股；洋河股份、浙江医药和一汽富维属于小盘股，余下的7只股票属于中盘股。

（3）根据股票当前的技术面情况，我们可以将A类股分为上涨趋势A类股，震荡趋势A类股和下跌趋势A类股。由于股票的趋势变化莫测，因此，我们要根据情况实施对分类做出调整。至于技术面的分类标准，不同的投资者各有差异，但是最简单的方法就是你看到股票的K线，第一眼映入你脑海的趋势是什么，这只股票的趋势我想你自己就已经有答案了。

第二节　A类领涨股分析

由于A类股的分类标准决定了A类股的分类每年甚至不同的季度之间都会有变化，但是每个季度公司公布季度报告的时间各有不同，我们不可能随时得到所有的数据，所以我们只能够退而求其次，用上1个季度的数据进行选股分析，因此，我们选出的分类标准在1年之内，都会影响着上市公司的股价情况。

在本节，我们就取2012年1月4日至8月29日这一阶段的情况来分析A类领涨股的情况。

在这段时期，上证指数从大趋势来说已经进入到下跌趋势中，从小趋势来说，上证指数在2012年年初至2012年3月，走出了一波反弹行情，随后进入了震荡期。从2012年5月初开始，上证指数再次进入快速下跌行情中，至2012年8月29日，已连续下跌16%。

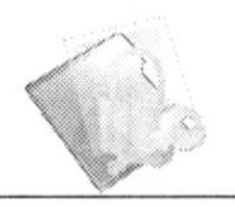

2012年1月4日至8月29日这段时间，上证指数运行了160个交易日，累计下跌6.65%，下面我们就来看看这一阶段A类股的领涨股情况。

由于A类股数量较少，所以我们把这一阶段涨幅大于0的股票都列为领涨股。

表3-3

排名	股票代码	名称	阶段涨幅（%）	阶段平均价（元）	2012年度预测每股收益(元)	流通股本（亿）	流通市值（亿）	阶段市盈率（%）	2012年度预测每股收益增长率(%)	3年平均增长率(%)	行业
1	000651	格力电器	21.2%	20.37	1.56	29.6	599.2	12.4	-16.1	1.4	机械仪表
2	600519	贵州茅台	15.8%	217.13	3.08	10.4	2262.0	25.8	35.5	36.8	食品饮料
3	002304	洋河股份	15.5%	130.13	2.68	4.9	589.4	20.3	120.1	57.5	食品饮料
4	600216	浙江医药	12.7%	22.56	3.08	4.5	98.4	9.3	10.2	-2.4	生物医药
5	601318	中国平安	12.4%	41.00	1.64	79.2	1872.9	15.6	23.2	17.9	金融保险
6	000900	现代投资	3.7%	9.33	4.60	6.0	50.9	4.9	-16.5	4.3	交通仓储
7	601166	兴业银行	0.9%	13.08	1.64	107.9	1336.4	4.5	30.5	8.6	金融保险
平均值			11.7%	64.80	2.61	34.6	972.7	13.3	26.7	17.7	

注：该表中阶段市盈率是阶段平均价除以2010年、2011年每股收益和2012年预期每股收益这三年每股收益的平均值得出的。2012年度预测每股收益增长率是由一季度的业绩估算出来的，而三年平均增长率是2010年、2011年和2012年每股收益增长率的平均值，以后在第四、第五、第六章相关的表格都是按照此计算标准，以后将不再详述。

从表3-3我们可以看到，在这一阶段涨幅大于0的股票的平均涨幅为11.7%，2012年预测年度每股收益平均值为2.61，阶段平均市盈率为13%，都是属于业绩非常稳健型的股票。从流通股本来看，除去中国平安和兴业银行这两只大盘股之外，其他的股票均为中、小盘股。A类领涨股的2012年预测每股收益增长率平均值和三年平均增长率平均值分别为

26.7%和16.7%，这些领涨股都是属于业绩稳定增长型的股票。可能有的投资者会有疑惑，排名第一的格力电器2012年业绩增长率为-16%，为何能够领跑涨幅榜？其实截至笔者本书创作时，许多公司并未公布2012年的半年报，因此笔者使用2012年一季报来挑选股票，这样才能保证采集标准一致，从格力电器公布的半年报业绩预告来看，其每股收益达到0.955元，预期全年每股收益已经超过2011年的1.86元，因此，格力电器领跑涨幅榜并不是师出无名。对于A类股来说，业绩决定论是非常有说服力的，因为A类股往往是众多机构投资者重点配置的品种，基金经理们对价值投资的运用也越来越成熟。

当然，对于业绩对投资收益的影响，笔者会在本章后段详细讲述，在此先谈到这，我们接着来看领涨股的行业分布情况。

根据2012年1月4日至8月29日这一阶段领涨A类股的行业分布，可以看到，金融保险和食品饮料行业占据了并列第一名，都占据了28.5%的份额，而仪器仪表、交通仓储和生物医药行业分别占据了14.3%、14.3%和14.3%的份额。

从行业分布来看，A类领涨股行业中，具有防御性的行业品种金融保险、食品饮料和生物医药行业累计占据了71%的份额。可以看出，在大盘处于下跌的区间，那些业绩稳定增长的防御性行业的A类股票更加受到市场的青睐。

第三节 做好A类股的投资

本章前两节分别介绍了A类股的细分和在2012年年初至2012年8月这段时间领涨股的情况，在本章最后一节，笔者就来和大家分享究竟如何才能做好A类股的投资，在这之前，我们先来看一下影响A类股投资收益的因素。

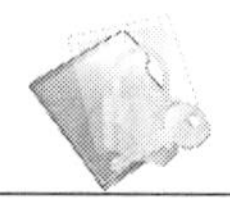

一、影响 A 类股投资收益的因素

影响股票的因素有很多，由于笔者将股票分为四种类型，因此，对于不同的股票类型，影响其涨跌的因素会有差别，我们先来看影响 A 类股投资收益的因素。

1. 业绩情况

对于 A 类股来说，业绩的变化情况对其股价的波动起着至关重要的作用，由于 A 类股业绩稳定，只要公司业绩保持稳定增长，那么公司的股价一般都能有比较不错的表现，即使在熊市中，往往此类股票的表现也远远强于大盘。

对于业绩的分析，最好是最近的年份的业绩情况，因为时间越近，其业绩情况与股价的相关关系就会越强。

下面我们就来看看 A 类股的 2012 年度预测每股收益增长率排名。

表 3－4

排名	股票代码	股票简称	2010 年每股收益增长率(%)	2011 年每股收益增长率(%)	2012 年度预测每股收益增长率(%)	3 年平均增长率(%)	2012 年 1 月 4 日至 8 月 29 日阶段涨幅(%)
1	002304	洋河股份	61.18	－8.78	120.13	57.51	15.51
2	600519	贵州茅台	17.07	57.76	35.55	36.79	15.77
3	601166	兴业银行	23.31	－28.05	30.51	8.59	0.91
4	000869	张　裕 A	27.10	33.09	27.07	29.09	－37.86
5	600123	兰花科创	3.44	26.51	23.50	17.82	－9.93
6	601318	中国平安	21.69	8.70	23.20	17.86	12.40
7	600216	浙江医药	－5.93	－11.42	10.22	－2.37	12.65
8	000001	平安银行	17.90	29.32	8.50	18.57	－8.40
9	601088	中国神华	22.86	20.48	－0.22	14.37	－12.28

续表

排名	股票代码	股票简称	2010年每股收益增长率(%)	2011年每股收益增长率(%)	2012年度预测每股收益增长率(%)	3年平均增长率(%)	2012年1月4日至8月29日阶段涨幅(%)
10	601699	潞安环能	63.22	-44.19	-1.62	5.80	-18.05
11	000651	格力电器	-1.94	22.37	-16.09	1.45	21.20
12	000900	现代投资	25.95	3.49	-16.48	4.32	3.74
13	600742	一汽富维	60.71	-25.19	-18.81	5.57	-19.85
14	000338	潍柴动力	-0.49	-17.44	-26.19	-14.71	-35.64

表3-4是以2012年度预测每股收益增长率为排名的业绩情况表，并且附带了2012年1月4日至8月29日这一阶段涨幅情况。从表3-4中我们可以看到，除了张裕A因为公司出现利空而股价被打压之外，其他业绩增长的股票股价表现均不错，而那些2012年业绩下滑的股票，除了我们之前分析的格力电器之外，其他的股价表现都不尽如人意，业绩下滑最严重的潍柴动力，股价下跌了36%之多。

而我们再来看看这些公司中，2012年预期每股收益增长率大于30%以上的公司的情况。

表3-5

排名	股票代码	股票简称	2012年度预测每股收益增长率（%）	3年平均增长率（%）	2012年1月4日至8月29日阶段涨幅（%）
1	002304	洋河股份	120.13	57.51	15.51
2	600519	贵州茅台	35.55	36.79	15.77
3	601166	兴业银行	30.51	8.59	0.91
平均值			62.06	34.30	10.73

透过表3-5我们看到，2012年预测每股收益增长率大于30%的股票中，在2012年1月4日至8月29日这一阶段平均涨幅达到10.7%，可见，

业绩增长对于A类股的影响，这一平均收益，即使是跟所有的同期开放式基金收益相比，也可以排入前30名。

通过上面的分析，相信你已经明白业绩对于股价波动的意义了吧。

2. 其他基本面因素

除了业绩，还有一些其他的基本面因素会影响公司的股价波动，例如公司的流通股本的规模大小，一般来说，那些大盘股，由于流通股本较大，股票分散于众多投资者中，因此股价的上涨会受到阻碍。这样类型的股票一般只有在大牛市的时候才会有不错的表现，而流通股本较小的股票则不管在牛市、震荡市还是在大盘处于较弱的阶段，都会有较大的机会，这一点我们已经从上面领涨的A类股里看到了，领涨的A类股大部分都是中小盘股。

另外，如果公司推出高送转高分红方案，或者实行定向增发等方案，同样也会刺激股价上涨，贵州茅台和洋河股份都是高分红的经典案例。

3. 技术面因素

从技术面来说，如果股票处于上涨趋势，上方套牢盘较小，这样更有利于股票的上涨，对于A类股来说，只要公司的基本面够好，估值符合正常水平，那么，即使股价屡创新高也并不奇怪，重要的是股价是否处于上涨趋势中，只有在上涨趋势中买入股票，获利的概率才会大大加大。例如巴菲特的伯克希尔哈撒韦公司的股价，截至2012年8月29日，收盘价为每股126800美元。只要公司业绩处于稳定增长中，那么股价就没有所谓的高与不高，但是如果公司的股价与其业绩增长不能匹配，那就是另一回事了。

多说一句，笔者相信在A类股中，将来一定会有类似于伯克希尔哈撒韦这样的公司出现的。

4. 其他相关因素

除了以上所说的影响因素外，还有一些因素会影响到A类股的投资收益，例如公司突然而来的利空，被媒体无限放大之后，可能会给公司股价带来大幅的下跌。

例如，张裕A的农药残留风波。

下面我们就来通过《中国企业报》汪大伟所写的一篇名为《张裕农药残留风波》的文章来回顾一下此次事件的始末。

刚过完“120岁生日”的张裕集团，被一条语焉不详的微博推向了风口浪尖。众多媒体推波助澜，使舆论迅速发酵。张裕A股票接近跌停。8月11日，张裕联合中国酒业协会、中国食品协会在北京召开媒体沟通会，连同检测单位针对检测结果进行澄清。甚至有市场人士在梳理张裕事件发生前后的A股交易数据后，发现张裕疑似遭到做空狙击。

1. 媒体推波助澜，舆论迅速发酵

网传农药残留，消费者表示不再购买。

8月10日，张裕召开投资者电话会议，接受机构、个人投资者就相关事件缘由进行问询。张裕董秘曲为民表示，张裕生产流程中检测符合各种标准。“张裕方面认为此事件或有幕后黑手别有目的在操纵，公司正在调查当中。”而公司当晚也发布公告澄清，称产品符合安全质量要求。8月11日，该公司回应农药残留事件时表示，张裕葡萄酒中的两种杀菌剂，均极其微量，远低于欧盟葡萄酒及国家食品的标准。张裕公司怀疑风波幕后有黑手。

据中国经济网报道：有消费者表示，会回家先查看一下相关新闻，了解一下出问题产品的批次，然后再选购。被采访的消费者多数对张裕葡萄酒农残超标问题表示不知情，并称近期不会再选购该品牌的葡萄酒了。

环球网报道称：如果企业真的出现了食品安全问题，及时揭露，让消费者受到保护，让不良企业受到惩罚，肯定是大快人心的事。但是，如果是别有用心，借一些似是而非的所谓食品安全信息，借消费者对食品安全问题的谨慎态度，而达到谋求自身利益，打击竞争对手或使目标企业就范的目的，则无疑是有一点卑鄙的。

张裕陷入“农药残留门”后，新浪财经“张裕A股吧”的一篇发表于5月5日的匿名帖子引起股民强烈关注。帖子标题是《小心张裕葡萄酒

农药残留被报道》。更引人注目的是，该帖后面紧跟的是某葡萄酒公司推出的“无农药残留葡萄酒”的广告帖。业内人士猜测，此次事件不排除是竞争对手的恶意炒作。

从论坛帖子分布来看，似乎更证实了这一观点。

据优讯舆情监测数据统计显示，多数网帖内容高度雷同，超过八成的网帖发布在股吧相关的论坛里，而且超过半数的网帖在主帖或者回帖中力挺“无农药残留葡萄酒”，有悖于食品安全舆情传播的普遍规律。

2. 张裕公司多次澄清，网上始终骂声一片

8月9日，《证券市场周刊》官方微博以“下期内容预告”的名义，披露张裕等3家葡萄酒厂商的产品检出农药残留。

而就在张裕公司采取危机公关的同时，《证券市场周刊》再发微博称，上条微博预告的刊物由于“某种阻力”而不能按时出刊，特向读者致歉。

由于受食品安全恐慌的影响以及对主管部门的不信任，网民下意识地勾勒出一个“黑幕”：知名企业与权力单位合谋阻挠媒体揭黑。“正义的”网民开始对张裕公司进行不加分辨的抨击，虽经张裕公司多次澄清，但是网络上始终骂声一片。

由于自身利益受到损害，众多股民开始在网络上寻找“幕后黑手”，力挺张裕。

在媒体爆出《证券市场周刊》微博只称张裕农药残留，并非农药残留超标，之后“虚惊一场”的网民，关注热情迅速降低。

3. “协会力挺张裕”无效，负面影响依然存在

事件发生后，张裕公司反应非常迅速，展开了一系列的危机公关。整体来看，张裕集团的危机处理还是卓有成效的。

8月13日，股价有小幅回升。

张裕虽已尽最大努力做了澄清工作，但目前为止，本次事件尚无权威机构做出最终裁决，当事媒体也未公开表态，公众心中的疑惑并没有完全消除，短期内将不可避免地对公司销售造成负面影响。由于涉及食品安全这一敏感话题，今后再发生类似的食品安全问题时，媒体和公众会不自觉地拿本次事件来进行类比，“躺着中枪”的情况难以避免，从长期来看，

张裕品牌美誉度也会受到不断地侵蚀。

此次“农残门”发生后，“两大协会力挺张裕”却没有获得预期的效果。有网民在微博调侃说，“这就好比是儿子犯错，老子出来拍胸脯说没事”。由于食品安全事故频发，相关部门的“沉默”，使得社会监督的责任让位于媒体。协会出面，并不利于澄清事实，反而会加剧舆情的不信任度，因为协会站在行业立场上说谎的情况时有发生，当下舆情对协会并不信任。

本次事件的起因，是一条媒体语焉不详的微博造成了网民的误解，是无心之失还是刻意为之，目前还不得而知。一条微博的杀伤力让相关单位始料不及，说明企业对微博的社会影响力缺乏科学的认知。目前，很多企业缺乏危机预警机制，或者是相关的危机预警机制不完善，在发生危机时，不能快速有效地把握舆情走势，错失化解危机的时机，从而造成无法弥补的损失。

一般来说，在整个行业面临舆情危机的时候，从某种意义上说，是其中的强势企业进行品牌塑造的大好时机。抓住公众高度关注的机会，充分引导社会公众对自己品牌的深入认识、提升美誉度，是老字号企业在适应现代化市场环境进程中，需要及时补上的一堂课。

虽然张裕公司仅仅是农药残留，并非农药残留超标，但是此举已经严重影响到公司股价的稳定，张裕的股价自8月10日起至8月底已经迅速下跌了近20%。可以看到，一些可能并不属实的消息经过媒体放大之后，可能会被一些投机者利用，做空股价，而那些对于消息反应不敏感的投资者，往往就会成为受害者。

因此，我们在关注股票时，不仅要关注起基本面和技术面，同时一些与我们自己所关注股票有关的信息，也是同样需要我们密切关注的。

二、做好A类股投资

要想做好A类股的投资，我们先来梳理一下A类股的投资思路。首先我们要根据A类股的标准挑选出A类股，然后，我们要通过业绩、流通股

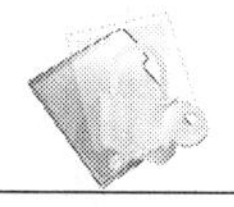

本等因素确定所选 A 类股属于何种细分类型，在确定细分类型之后，我们要进一步对符合条件的 A 类股进行深度的基本面和技术面分析，确定我们需要购买的一只或者几只投资标的，最后，就是要选择合适的介入时机买入。

下面我们就来看几个案例。

我们来看案例一。

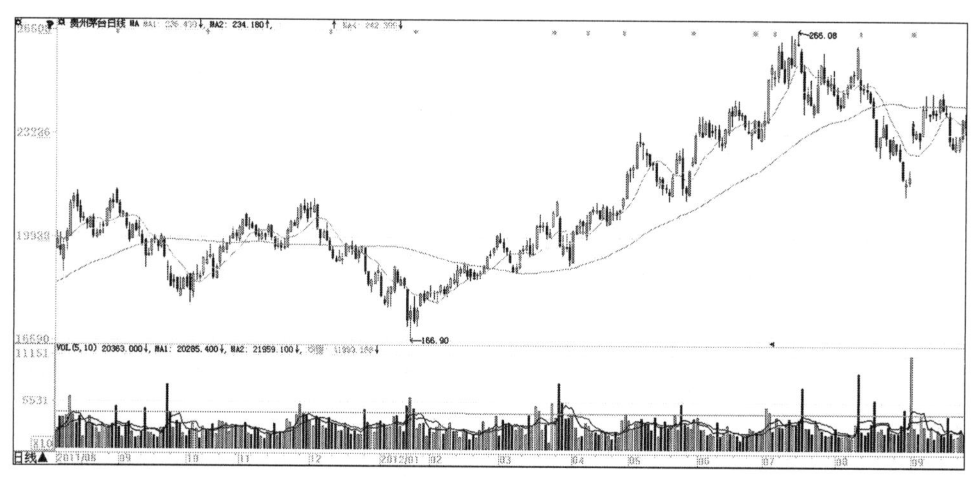

图 3-1

贵州茅台（600519）是一家从事贵州茅台酒系列产品的生产和销售的公司。本公司经贵州省人民政府批准，于 1999 年 11 月 20 日由中国贵州茅台酒厂（集团）有限责任公司（现更名为中国贵州茅台酒厂有限责任公司）作为主发起人，联合中国贵州茅台酒厂（集团）技术开发公司（现更名为贵州茅台酒厂技术开发公司）、贵州省轻纺集体工业联社、深圳清华大学研究院、中国食品发酵工业研究所、北京市糖业烟酒公司、江苏省糖烟酒总公司、上海捷强烟草糖酒（集团）有限公司共同发起设立的。2001 年 8 月，公司股票登录上海交易所，发行 7150 万股，募集资金 19.9814 亿元。

图 3-1 所示的是贵州茅台自 2011 年 8 月至 2012 年 9 月这段时间的日 K 线图。2011 年 9 月，大盘跌破了前期的震荡市场阶段低点，大盘处于下跌趋势中，2012 年年初，大盘开始了短暂的反弹，此时的贵州茅台股价自

2012 年 1 月起便走入了上涨通道，技术面上形成买点，此时，我们就要决定在大盘弱势市场阶段反弹时机能否介入贵州茅台。

下面我们就来看看贵州茅台上市以来的业绩状况。

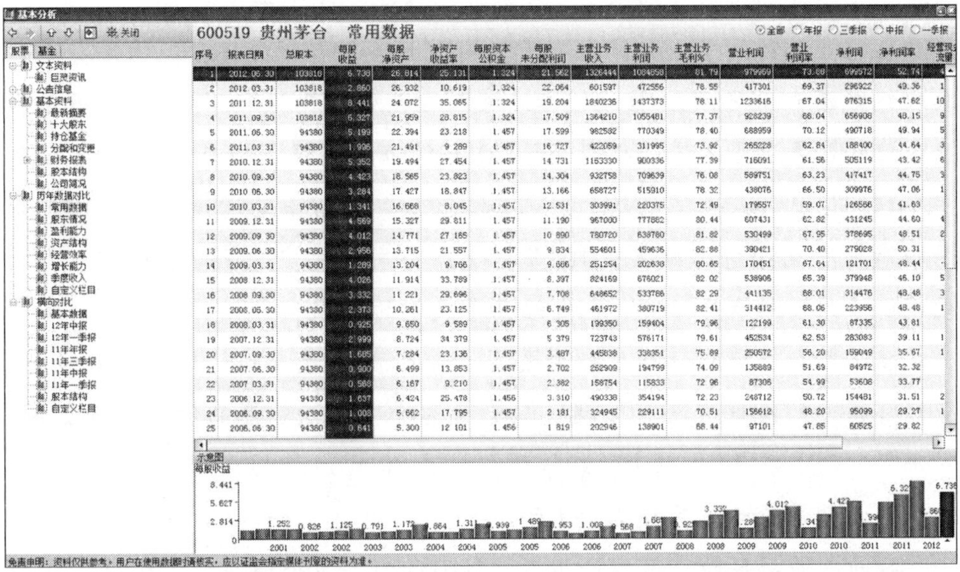

600519 贵州茅台 常用数据

序号	报表日期	总股本	每股收益	每股净资产	净资产收益率	每股资本公积金	每股未分配利润	主营业务收入	主营业务利润	主营业务毛利%	营业利润	营业利润率	净利润	净利润率
1	2012.06.30	103818	6.738	26.814	25.131	1.324	21.562	1326444	1084858	81.79	979959	73.88	699572	52.74
2	2012.03.31	103818	2.860	26.932	10.619	1.324	22.064	601597	472556	78.55	417301	69.37	296922	49.36
3	2011.12.31	103818	8.441	24.072	35.085	1.324	19.204	1840236	1437373	78.11	1233618	67.04	876315	47.62
4	2011.09.30	103818	6.327	21.959	28.815	1.324	17.509	1364210	1055481	77.37	928239	68.04	656908	48.15
5	2011.06.30	94380	5.199	22.394	23.218	1.457	17.599	982582	770349	78.40	688959	70.12	490718	49.94
6	2011.03.31	94380	1.996	21.491	9.289	1.457	16.727	422059	311995	73.92	265228	62.84	188400	44.64
7	2010.12.31	94380	5.352	19.494	27.454	1.457	14.731	1163330	900336	77.39	716091	61.56	505119	43.42
8	2010.09.30	94380	4.423	18.565	23.823	1.457	14.304	932758	709639	76.08	589751	63.23	417417	44.75
9	2010.06.30	94380	3.284	17.427	18.847	1.457	13.166	658727	515910	78.32	438076	66.50	309976	47.06
10	2010.03.31	94380	1.341	16.668	8.045	1.457	12.531	303991	220375	72.49	179557	59.07	126566	41.63
11	2009.12.31	94380	4.569	15.327	29.811	1.457	11.190	967000	777882	80.44	607431	62.82	431245	44.60
12	2009.09.30	94380	4.012	14.771	27.165	1.457	10.890	780720	638780	81.82	530499	67.95	378695	48.51
13	2009.06.30	94380	2.956	13.715	21.557	1.457	9.834	554801	459636	82.88	390421	70.40	279028	50.31
14	2009.03.31	94380	1.289	13.204	9.766	1.457	9.666	251254	202630	80.65	170451	67.84	121701	48.44
15	2008.12.31	94380	4.026	11.914	33.789	1.457	8.397	824169	676021	82.02	538906	65.39	379948	46.10
16	2008.09.30	94380	3.332	11.221	29.696	1.457	7.708	648652	533788	82.29	441135	68.01	314476	48.48
17	2008.06.30	94380	2.373	10.261	23.125	1.457	6.749	461972	380719	82.41	314412	68.06	223956	48.48
18	2008.03.31	94380	0.925	9.650	9.589	1.457	6.305	199350	159404	79.96	122199	61.30	87335	43.81
19	2007.12.31	94380	2.999	8.724	34.379	1.457	5.379	723743	576171	79.61	452534	62.53	283083	39.11
20	2007.09.30	94380	1.685	7.284	23.136	1.457	3.487	445838	338351	75.89	250572	56.20	159049	35.67
21	2007.06.30	94380	0.900	6.499	13.853	1.457	2.702	262909	194799	74.09	135889	51.69	84972	32.32
22	2007.03.31	94380	0.568	6.167	9.210	1.457	2.382	158754	115833	72.96	87306	54.99	53606	33.77
23	2006.12.31	94380	1.637	6.424	25.478	1.456	3.310	490338	354194	72.23	248712	50.72	154481	31.51
24	2006.09.30	94380	1.008	5.662	17.795	1.457	2.181	324945	229111	70.51	156612	48.20	95099	29.27
25	2006.06.30	94380	0.641	5.300	12.101	1.456	1.819	202946	138901	68.44	97101	47.85	60525	29.82

免责申明：资料仅供参考，用户在使用数据时请核实，应以证监会指定媒体刊登的资料为准。

图 3－2

图 3－2 所示的是贵州茅台上市以来的业绩情况，自贵州茅台 2001 年上市以来，分红除权后，年度每股收益最少都在 1 元以上。2006 年之后，贵州茅台每股收益开始加速增加，2007—2011 年这几年分别为 2.99 元、4.02 元、4.56 元、5.35 元和 8.44 元，每年都在逐渐增加。进入了 2012 年，贵州茅台前两个季度每股收益已经突破了 6.74 元，从每股收益来看，贵州茅台属于不折不扣的 A 类股，从业绩增长情况来看，近几年贵州茅台业绩都保持稳定快速地增长，最近三年平均业绩增长率达到 30% 以上。

为了我们能够更加清晰地了解贵州茅台的基本面情况，我们来看一份 2012 年 1 月东方证券分析师施剑刚发布的对于贵州茅台的调研报告，以下是简要内容：

事件

经公司初步测算，预计公司 2011 年度归属于上市公司股东的净利润较上年同期增长 65% 以上。

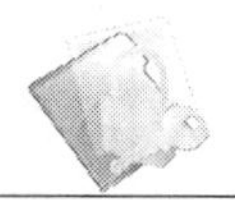

研究结论

按公司业绩预增公告所示，2011年公司业绩超过我们的预期，第四季度业绩增速较前三季度业绩增速明显更快。今年第三季度，公司业绩增长保持了上半年高速增长的态势，净利润增速略低于上半年的58%。第三季度是公司业绩的淡季，公司收入增速相比上半年有所放缓，但作为淡季的收入绝对额为38亿元，接近一季度收入（消费旺季），公司产品在第三季度销售仍然是淡季不淡。公司预计2011年净利润同比增长65%以上（全年净利润达到83.34亿元以上），快于前三季度57%的增速，我们预计公司四季度净利润增速应该在100%以上。公司全年实现EPS 8.03元以上，明显好于此前的市场预期，也大幅高于我们的预期。

我们判断业绩超预期可能主要源于销量快速增长和计划外产品贡献。虽然公司出厂价目前没有上调，但是团购价、计划外产品价格已经上调，对每年配给量在30吨以上的经销商，对其30吨以外的产品价格在今年年初提至计划外价格，为每瓶959元。

提价无市场风险，有舆论压力。我们认为按照公司目前的终端价和市场价价差（价差接近1400元/瓶），2012年提价是明确的，但是鉴于社会舆论的压力，提价时点明显已经推后，根据公司的说法今年“两会”前不提价，所以市场已经对公司的提价时点形成了强烈预期，继“两会”后，如果届时公司能够顺利完成提价，那么公司2012年业绩能够保持较好的增长，而增长幅度需要参考提价幅度。

自营店建设保障公司利润，但对控制终端价作用相对有限。公司已经确定加快建设自营店的策略，我们认为好处有几点：一是明显提高公司单瓶茅台酒的盈利，此前公司给经销商的茅台酒价格按出厂价走，如果通过自营店，即使按照公司给定的最高限价，那么利润也将增长一倍；二是扩充公司销售模式，增加对经销商的压力；三是通过自营店建设的速度和单店的供应量控制，在保障业绩增长的目标下，可以对公司产品出厂价提高的时点和幅度更好地控制。目前公司自营店数量有限，大概在14家左右，今年，公司计划在各个省会城市建立自营店，全部数量应该在100家以上。

上调盈利预测：我们上调公司的盈利预测，预计公司2011—2013年

EPS分别为8.09元、10.85元和14.18元（出于对宏观经济不确定性的考量，我们给出2012年的盈利预测相对谨慎）。目前股价相对公司2012年EPS的PE估值水平仅为17倍，公司中长期投资价值非常显著，我们维持对公司的“增持”评级。

为了对贵州茅台近期的基本面状况有一个更加详细的了解，我们再来看一份2012年4月，中信证券分析师黄巍和闻宏伟发布的对于贵州茅台的调研报告，以下是内容纪要：

2012年一季度业绩超预期。公司一季度实现营业总收入60.16亿元，同比增长42.54%；实现归属于母公司所有者净利润29.69亿元，同比增长57.60%；

实现EPS为2.86元，超我们预期（EPS2.75元）。超预期的原因为预收账款释放力度超预期，一季度末预收账款57.72亿，较2011年年底减少12.55亿。

毛利率和净利润率上升，各项费用率下降。

加大直销力度，做好系列产品是2012年的主要发展方向。据年报显示的2012年经营计划，我们认为，加大直销力度且加快直营店的建设有利于公司对渠道利润的回归，预计1500吨～2000吨的新增量中大部分将投向直营店。在茅台酒分布在1000元以上价格带之后，公司中低价位带产品线不够丰富，700元附近的汉酱和预计定价略低的仁酒的推出有利于公司产品线的扩充。

预计2012年将继续加大产能扩张力度。据年报显示，2012年公司将开工建设一批重点项目，共需资金36亿元，资金来源自筹或其他方式。此外，公司计划到2015年茅台酒基酒产量达4.5万吨，系列产品产量达6万吨以上，并在资源能力允许的条件下，扩大中档和中高档酱香产品市场占有率。

风险因素：高端白酒在限制三公消费的影响下需求会受到影响；白酒行业景气度下降对中低档酒扩张有影响。

盈利预测、估值及投资评级。鉴于公司行业龙头地位，以及产品线丰富和直营店比例提升，结合一季度经营情况，我们上调公司2012—2014年

EPS 至 13.01/18.10/22.58 元（原为 12.06/15.79/19.92 元，2011 年 EPS 为 8.44 元）的业绩预测。现价 212.92 元相对 2012—2014 年 PE 为 16/12/9 倍，上调目标价至 325.00 元（对应 2012 年估值为 25 倍，原目标价 300.00 元）和维持“买入”评级。

通过上面这两份研究报告，我们知道，贵州茅台在 2011 年度和 2012 年一季度都超出了各大券商分析师的预期，呈现快速增长势头，对于这样的股票，属于 A 类股里基本面的上品，一旦其股价形成上涨势头，便迎来了我们介入的时机。

2012 年年初，在贵州茅台逐步走入上涨通道的行情中，每一次的阶段回调都是我们介入贵州茅台的大好时机，从 2012 年年初至 2012 年 9 月，贵州茅台累计上涨了 36%，而同期大盘下跌了 9.16%。

可见，即使在大盘处于弱势行情，购买符合我们投资逻辑的稳步增长的 A 类股，依然可以让我们获得非常不错的投资收益。

我们继续来看案例二。

图 3－3

格力电器（000651）是一家从事生产销售空调器、自营空调器出口业务及其相关零配件的进出口业务的公司，公司原名珠海市海利冷气工程股份有限公司，1989 年 12 月成立，注册资金为 1200 万元。1991 年 3 月，更名为“珠海市格力集团电器股份有限公司”。至 1992 年 3 月，经扩股，总股本增至 7500 股。1994 年 5 月，正式更名为“珠海格力电器股份有限公司”。1996 年 11 月，公司股票登录深圳交易所，发行 420 万股，募集资金 420 万元。

图 3 - 3 所示的是格力电器自 2011 年 7 月至 2012 年 9 月这段时间的日 K 线图。2011 年 9 月，大盘跌破了前期的震荡市场阶段低点，大盘处于下跌趋势中。2012 年年初，大盘开始了短暂的反弹，此时的格力电器股价自 2012 年 1 月起便走入了上涨通道，技术面上形成买点，此时，我们就要决定在大盘弱势市场阶段反弹时机能否介入格力电器。

下面我们就来看看格力电器上市以来的业绩状况。

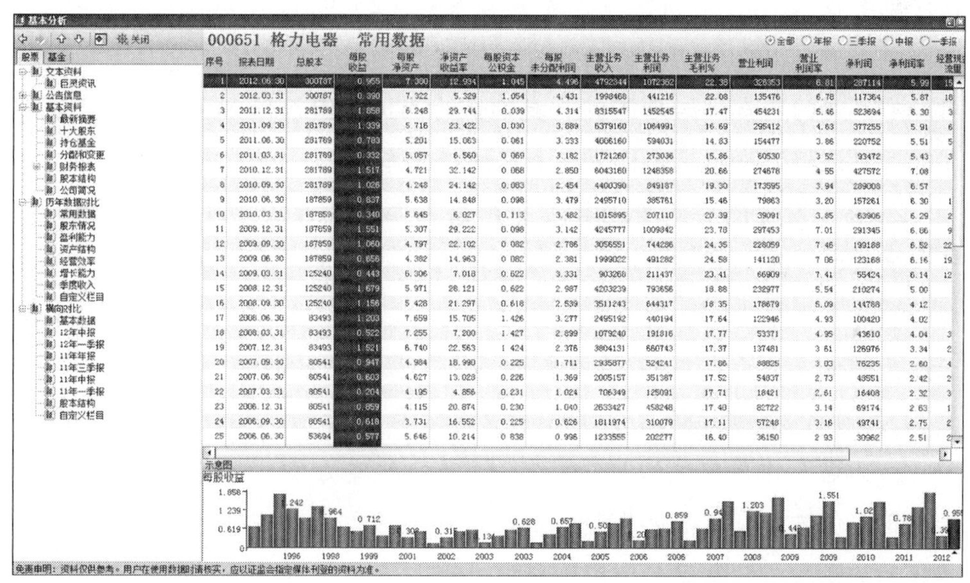

序号	报表日期	总股本	每股收益	每股净资产	净资产收益率	每股资本公积金	每股未分配利润	主营业务收入	主营业务利润	主营业务毛利%	营业利润	营业利润率	净利润	净利润率	经营现金流量
1	2012.06.30	300787	0.955	7.380	12.934	1.045	4.498	4792344	1072362	22.38	328353	6.81	287114	5.99	15
2	2012.03.31	300787	0.390	7.322	5.329	1.054	4.431	1998468	441216	22.08	135476	6.78	117364	5.87	18
3	2011.12.31	281789	1.858	6.248	29.744	0.039	4.314	8315547	1452545	17.47	454231	5.46	523694	6.30	3
4	2011.09.30	281789	1.339	5.716	23.422	0.030	3.889	6379160	1064991	16.69	295412	4.63	377255	5.91	6
5	2011.06.30	281789	0.783	5.201	15.063	0.061	3.333	4006160	594031	14.83	154477	3.86	220752	5.51	5
6	2011.03.31	281789	0.332	5.057	6.560	0.069	3.182	1721260	273036	15.86	60530	3.52	93472	5.43	3
7	2010.12.31	281789	1.517	4.721	32.142	0.068	2.850	6043160	1246358	20.66	274678	4.55	427572	7.08	
8	2010.09.30	281789	1.026	4.248	24.142	0.083	2.454	4400390	849187	19.30	173595	3.94	289008	6.57	
9	2010.06.30	187859	0.837	5.638	14.848	0.098	3.479	2495710	385761	15.46	79863	3.20	157261	6.30	1
10	2010.03.31	187859	0.340	5.645	6.027	0.113	3.482	1015895	207110	20.39	39091	3.85	63906	6.29	2
11	2009.12.31	187859	1.551	5.307	29.222	0.098	3.142	4245777	1009842	23.78	297453	7.01	291345	6.86	9
12	2009.09.30	187859	1.060	4.797	22.102	0.082	2.786	3056551	744286	24.35	228059	7.46	199188	6.52	22
13	2009.06.30	187859	0.656	4.382	14.963	0.082	2.381	1999022	491282	24.58	141120	7.06	123168	6.16	19
14	2009.03.31	125240	0.443	6.306	7.018	0.622	3.331	903268	211437	23.41	66909	7.41	55424	6.14	12
15	2008.12.31	125240	1.679	5.971	28.121	0.622	2.987	4203239	793656	18.88	232977	5.54	210274	5.00	
16	2008.09.30	125240	1.156	5.428	21.297	0.618	2.539	3511243	644317	18.35	178679	5.09	144788	4.12	
17	2008.06.30	83493	1.203	7.659	15.705	1.426	3.277	2495192	440194	17.64	122946	4.93	100420	4.02	
18	2008.03.31	83493	0.522	7.255	7.200	1.427	2.899	1079240	191816	17.77	53371	4.95	43610	4.04	3
19	2007.12.31	83493	1.521	6.740	22.563	1.424	2.376	3804131	660743	17.37	137481	3.61	126976	3.34	2
20	2007.09.30	80541	0.947	4.984	18.990	0.225	1.711	2935877	524241	17.86	88825	3.03	76235	2.60	4
21	2007.06.30	80541	0.603	4.627	13.028	0.226	1.369	2005157	351387	17.52	54837	2.73	48551	2.42	2
22	2007.03.31	80541	0.204	4.195	4.856	0.231	1.024	706349	125091	17.71	18421	2.61	16408	2.32	3
23	2006.12.31	80541	0.859	4.115	20.874	0.230	1.040	2633427	458248	17.40	82722	3.14	69174	2.63	1
24	2006.09.30	80541	0.618	3.731	16.552	0.225	0.626	1811974	310079	17.11	57248	3.16	49741	2.75	2
25	2006.06.30	53694	0.577	5.646	10.214	0.838	0.998	1233555	202277	16.40	36150	2.93	30962	2.51	2

图 3 - 4

图 3 - 4 所示的是格力电器上市以来的业绩情况，2007—2011 年这几年格力电器的每股收益分别为 1.52 元、1.67 元、1.55 元、1.51 元和 1.85 元，从格力电器的每股收益情况来看，格力电器在 2009 年就已经达到了 A 类股的标准，在达到 A 类股标准之后，格力电器的业绩依然保持平稳增长的状况，业绩几乎没有出现明显的下滑。2012 年 6 月，格力电器每股收益达到 0.955，比 2011 年同期增长 21%。

为了我们能够更加清晰地了解格力电器的基本面情况，我们来看一份

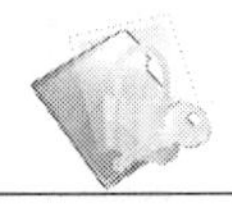

2012 年 1 月东方证券分析师郭阳发布的对于格力电器的调研简报：

我们继续来了解一下格力电器的基本面情况。

2012 年 1 月，格力电器公布公开增发招股意向书，拟以 17.16 元/股增发不超过 189，976，689 股，募集资金不超过 32.6 亿元。其中，原股东优先配售比例 10∶0.3，最多可优先认购 84536662 股，占最高发行量的 44.50%；剩余发行量将在网上与网下分别发行 50%，申购日为 1 月 13 日。

东方证券分析师郭阳对其公开增发给予了点评，他认为此次公开增发有如下利好：

1. 此次募投项目有利于增强主业竞争力，完善产能布局：此次公开增发主要投入：（1）商用空调扩产项目；（2）武汉郑州家用空调项目；（3）节能环保压缩机项目；此次郑州武汉新建家用空调产能 900 万台，相对现有产能的扩产比例为 27%，我们认为此次扩产符合公司长期的产能规划，并且能够进一步完善格力在全国的产能布局。

2. 公开增发使得竞争优势进一步强化：2011 年下半年开始，空调行业增速放缓，个别月份出现负增长，我们认为空调行业短期存在去库存的压力，但长期来看，空调行业是白电中需求基本面最好的子行业，需求增长最为稳健。格力自 2011 年以来体现出了极强的品牌张力，2011 年 1 月至 11 月内销份额为 38%，同比提升 2%。

格力电器作为专业龙头，依靠技术和品牌实力整合消费升级下的一二级市场，依靠自有渠道优势整合后家电下乡时代的三四级市场，在上、下市场两头受益，竞争优势有望进一步强化。

3. 公开增发使得公司龙头地位更加稳固，盈利能力稳定：空调子行业在白电各子品类中竞争格局最佳，龙头企业具有较强的成本转嫁能力，产品议价能力强。若 2012 年出现 2009 年原材料大幅下降的情况，那么对公司的盈利能力会产生正面的影响。

他对格力电器给予了维持公司买入评级，目标价 30.24 元。认为公司作为专业制冷龙头，依靠品牌张力，技术实力和下层渠道优势，能够进一步整合市场。此次增发能够进一步完善公司的产能布局，加强竞争实力和现金充裕度。我们预测，公司 2011—2013 年的 EPS 分别为 1.95 元、2.20

元、2.72元，维持公司买入评级，目标价为30.24元。

为了更加全面地了解格力电器的基本面情况，我们来看一份2012年4月民生证券分析师对于格力电器的调研报告，以下是内容简要：

1. 事件概述格力电器（000651）公布2012年一季度季报：收入和利润同比增长16%和26%。经营性利润同比增长124%，超出我们的预期。

2. 分析与判断一季度销售量价齐升，收入增速远远好于行业根据产业在线数据，公司2012年一季度家用空调内外销量同比分别提高15%和降低7%，销量增速远好于同行业。实现收入增速16%的另一原因为变频空调和非变频高端机型占比在2012年一季度进一步提升，带来产品均价的显著提升。我们有理由相信，公司销量增长好于行业的趋势将在2012年得以持续。

一季度的毛利、同比、环比均有改善，受原材料成本变化以及产品结构继续向好的趋势，2012年一季度毛利水平大幅改善，同比提升6个点，远好于我们的预期。基于我们对于行业的判断，2012年行业内发生价格战的可能性相对不大并且效果难以持续，我们预计公司在行业中的成本转嫁能力在2012年将得到强化。

一季度销售和管理费用增长较快公司2012年一季度销售费用和管理费用增长较快，增速分别为44%和61%，我们判断主要原因为公司逆势增长情形下，费用投入相对较高。我们认为公司费用增长合理并保证公司2012年一季度经营性利润的翻番。我们未来预计公司费用投入与经营性利润增长仍能保持匹配。

一季度业绩增长26%，全年千亿收入目标可期2012年一季度公司业绩增速达26%，再次验证了公司在逆势扩张下龙头企业的强大实力。随着公司市场份额的巩固，我们预计公司2012年销售收入突破千亿的目标可以实现，盈利能力也将再上一个台阶。此外，公司2011年四季度节能惠民补贴收到的很少，2012年一季度未收到节能惠民补贴，尚未收到的节能惠民补贴收入还将增厚公司2012年之后季度业绩。

3. 盈利预测与投资建议我们预计公司2012—2014年EPS分别为2.17元、2.70元与3.38元，对应当前股价PE为10倍、8倍与6倍。我们看好

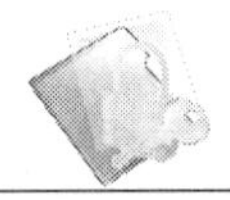

公司2012年产品结构继续提升并成为相关新政策推出的受益者。维持强烈推荐评级。

4. 风险提示：其他厂商进行价格战的效果强于预期；行业政策不明朗。

以上不同分析师的分析，都给予了格力电器非常正面的评价，格力电器的业绩不但在2007—2011年间保持稳定增长，而且在空调市场不景气的2012年一季度，公司业绩仍然保持了高速增长，对于这样稳定增长的A类股，在其技术面形成上涨趋势后，便迎来了我们的介入良机。自2011年12月中旬至2012年9月，格力电器股价累计上涨了28%，即使在大盘处于弱势市场，买入业绩保持稳定增长的A类股，我们也能取得非常不错的投资收益。

第四章

B 类股的投资

本书第三章我们深度分析了 A 类股的投资情况，由于笔者所分类的股票业绩情况各有不同，所以不同类别的股票在投资技巧方面也各有差异，我们不能一味地套用某一种股票投资的思路去分析另一种思路，因此我们要做的就是具体问题具体分析，接下来我们来看看 B 类股的投资。

第一节　B 类股的分类标准及细分

在第一节部分，我们还是来看看 B 类股的分类标准和具体的细分情况。

B 类股的分类标准

B 类股是指那些在过去三年年度每股收益都大于 0.5 元的，且最后一年的每股收益小于等于 1.5 元，同时当年的折算每股收益也大于 0.5 元的股票。

与 A 类股相比，B 类股对于每股收益的要求就放宽松了，B 类股主要是为了选出那些基本面较为稳定的上市公司，这类公司虽然业绩并不是非常好，但是也还算稳定。

由于 B 类股数量太多，因此我们就不再次一一列出了。

B 类股的细分

B 类股从选股标准来看，是指那些在最近 3 年业绩比较不错的股票，与 A 类股类似，B 类股也会有不同的类型，下面我们就进一步对 B 类股进行细分。

与 A 类股类似，我们也会从业绩、流通股本和技术面等来对 B 类股进行细分，只不过具体的分类可能会与 A 类股稍有不同。

（1）根据业绩的变化情况，我们可以将 B 类股分为稳定增长型 B 类股、稳定型 B 类股和业绩下滑型 B 类股。

我们来看看按照业绩的具体的分类情况。

由于 B 类股业绩还算不错，如果业绩想大幅增长也比较有难度，我们根据2012年年度预测每股收益增长率，对其进行分类，与A类股不同的是，由于B类股业绩增长空间较大，我们把2012年年度预测每股收益增长率大于40%的公司称之为稳定增长型的B类股，此类股票一般每股收益三年平均增长率都非常不错。

我们把2012年年度预测每股收益增长率处于0～40%的股票称之为稳定型的B类股，此类股票业绩保持稳定适度的增长。

而我们把2012年年度预测每股收益增长率小于0的公司称之为业绩下滑型B类股，此类型的股票由于某种原因业绩下滑，对于此类型股票的购买我们要非常理性。

至于业绩与股票涨跌的进一步分析，笔者会在本章稍后详细地分析，在此不再赘述。

（2）根据流通盘的大小不同，我们可以将B类股分为大盘B类股、中盘B类股和小盘B类股，与A类股的分类标准相同。笔者把0～5亿流通股本规模的股票称之为小盘股，把5亿～30亿流通股本规模的股票称之为中盘股，而把流通股本规模在30亿以上的股票称之为大盘股。

（3）根据股票的当前的技术面情况，我们可以将B类股分为上涨趋势B类股，震荡趋势B类股和下跌趋势B类股。由于股票的趋势变化莫测，因此，我们要根据情况实时对分类做出调整。

第二节　B类领涨股分析

与A类股类似，B类股的分类标准决定了其分类。每年甚至不同的季度之间都会有变化，但是每个季度公司公布季度报告的时间各有不同，我们不可能随时得到所有的数据，所以我们只能够退而求其次，用上一个季度的数据进行选股分析，因此，我们选出的分类标准在1年之内，都会影响着上市公司的股价情况。

接下来我们就取2012年1月4日至2012年8月29日这一阶段的情况

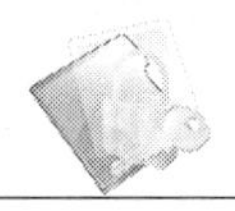

来分析 B 类领涨股的情况。在这段时期，上证指数从大的上趋势来说，已经进入下跌趋势中；从小趋势来说，上证指数在 2012 年年初至 3 月，走出了一波反弹行情，随后进入了震荡。从 2012 年 5 月初开始，上证指数再次进入快速下跌行情中，至 2012 年 8 月 29 日，已连续下跌 16%。

2012 年 1 月 4 日至 2012 年 8 月 29 日这段时间，上证指数运行了 160 个交易日，累计下跌 6.65%，下面我们就来看看这一阶段 B 类股票前 50 名领涨股票的具体统计情况。

表 4－1

排名	股票代码	名称	阶段涨幅（%）	阶段平均价（元）	2012 年年度预计每股收益（元）	流通股本（亿）	流通市值（亿）	阶段市盈率（%）	2012 年年度预测每股收益增长率（%）	3 年平均增长率（%）	行业
1	300026	红日药业	113.91	24.10	1.00	0.8	28.9	25.6	23.5	－15.5	生物医药
2	002568	百润股份	104.11	23.18	0.60	0.3	13.0	35.8	－3.2	1.6	石油化工
3	002635	安洁科技	90.91	38.30	0.88	0.3	16.4	44.4	－19.3	2.9	信息技术
4	002684	猛狮科技	74.53	35.90	1.04	0.1	4.9	35.5	－1.0	8.9	机械仪表
5	300088	长信科技	71.58	12.94	0.52	1.7	30.3	17.9	－14.8	2.1	电子
6	002571	德力股份	70.94	12.05	0.52	0.7	10.8	17.1	－24.6	－6.3	金属材料
7	300261	雅本化学	69.39	12.75	0.56	0.4	5.6	21.9	－7.3	－12.9	石油化工
8	002653	海思科	67.75	22.07	0.80	0.4	12.4	26.1	－8.0	－1.5	生物医药
9	002375	亚厦股份	65.26	21.99	0.96	2.2	50.2	19.7	－9.4	9.5	建筑业
10	002429	兆驰股份	58.52	10.88	0.60	2.4	28.1	16.7	3.4	2.4	电子
11	000028	国药一致	58.06	24.51	1.69	2.9	76.0	19.6	47.1	36.4	商业贸易
12	002116	中国海诚	55.92	11.62	0.80	2.0	28.0	16.1	0.6	15.2	建筑业
13	300104	乐视网	55.24	20.86	0.92	1.6	37.5	26.5	53.3	22.4	文化传播
14	300228	富瑞特装	54.30	23.10	1.24	0.7	20.4	20.7	3.3	20.0	机械仪表
15	600486	扬农化工	53.47	17.77	1.22	1.7	37.8	18.4	36.6	3.7	石油化工
16	000661	长春高新	53.43	42.17	0.76	1.3	67.4	56.2	－8.4	11.7	生物医药
17	002236	大华股份	52.06	28.26	0.96	3.0	113.6	20.1	－28.9	－16.4	电子

续表

排名	股票代码	名称	阶段涨幅（%）	阶段平均价（元）	2012年年度预计每股收益（元）	流通股本（亿）	流通市值（亿）	阶段市盈率（%）	2012年年度预测每股收益增长率（%）	3年平均增长率（%）	行业
18	300215	电科院	49. 36	18. 59	1. 32	1. 0	22. 5	13. 2	21. 1	0. 0	社会服务
19	300191	潜能恒信	47. 81	15. 23	1. 08	0. 5	7. 5	14. 6	4. 9	10. 0	采掘业
20	002325	洪涛股份	47. 18	12. 33	0. 76	1. 6	23. 1	18. 4	26. 7	1. 1	建筑业
21	002051	中工国际	43. 65	25. 73	1. 04	4. 8	146. 8	24. 4	－1. 0	－3. 3	建筑业
22	002317	众生药业	43. 61	22. 66	0. 80	0. 5	14. 1	24. 8	－4. 8	－20. 8	生物医药
23	002358	森源电气	43. 60	12. 36	0. 64	1. 0	13. 2	16. 4	－15. 8	－12. 0	机械仪表
24	002398	建研集团	42. 75	15. 62	0. 96	0. 5	8. 8	19. 9	9. 1	15. 6	社会服务
25	600703	三安光电	42. 43	12. 75	0. 56	6. 9	104. 6	19. 8	－13. 8	－7. 4	电子
26	002503	搜于特	41. 79	19. 48	1. 08	0. 7	17. 3	16. 1	0. 0	12. 3	商业贸易
27	000513	丽珠集团	41. 28	23. 54	1. 60	2. 9	46. 8	16. 7	31. 1	1. 8	生物医药
28	002481	双塔食品	40. 32	13. 75	0. 73	1. 0	16. 9	17. 1	24. 1	－2. 4	食品饮料
29	300058	蓝色光标	39. 53	15. 51	0. 84	1. 9	39. 5	22. 9	25. 4	6. 1	文化传播
30	300054	鼎龙股份	39. 50	20. 02	0. 52	0. 7	16. 1	32. 5	－10. 3	－15. 3	石油化工
31	300197	铁汉生态	39. 03	26. 90	1. 00	0. 5	16. 5	21. 9	－21. 9	－7. 6	建筑业
32	002589	瑞康医药	38. 24	28. 02	1. 00	0. 4	14. 7	28. 8	－2. 9	12. 7	商业贸易
33	002475	立讯精密	37. 78	25. 82	0. 52	0. 9	31. 4	33. 2	－47. 5	4. 9	电子
34	002649	博彦科技	37. 53	14. 46	0. 60	0. 4	6. 7	18. 9	－37. 5	11. 5	信息技术
35	600315	上海家化	36. 15	36. 58	0. 84	4. 2	194. 0	46. 9	－1. 2	6. 6	石油化工
36	600062	华润双鹤	35. 98	16. 67	1. 54	5. 7	118. 3	14. 8	66. 4	27. 8	生物医药
37	000848	承德露露	34. 94	14. 03	1. 16	4. 0	65. 9	18. 5	118. 9	29. 8	食品饮料
38	000999	华润三九	32. 47	18. 97	1. 24	3. 6	78. 1	20. 0	59. 0	22. 7	生物医药
39	002391	长青股份	32. 38	15. 12	0. 68	0. 5	9. 1	23. 0	23. 6	－16. 0	石油化工
40	002250	联化科技	29. 38	16. 09	0. 84	3. 2	59. 8	19. 9	12. 0	－4. 9	石油化工
41	002415	海康威视	28. 87	23. 55	1. 40	5. 4	142. 3	13. 9	－5. 4	0. 7	电子
42	300187	永清环保	27. 81	21. 90	1. 24	0. 4	10. 6	24. 9	117. 5	34. 4	社会服务

续表

排名	股票代码	名称	阶段涨幅（%）	阶段平均价（元）	2012年年度预计每股收益（元）	流通股本（亿）	流通市值（亿）	阶段市盈率（%）	2012年年度预测每股收益增长率（%）	3年平均增长率（%）	行业
43	002186	全 聚 德	27.79	30.90	1.19	1.4	46.9	32.9	30.8	26.1	社会服务
44	002605	姚记扑克	27.51	19.89	1.28	0.3	5.5	18.6	40.7	13.6	造纸印刷
45	600487	亨通光电	27.45	19.88	0.78	1.7	33.5	20.3	-33.7	-8.5	信息技术
46	000963	华东医药	27.35	27.96	1.12	2.8	91.7	30.7	27.4	10.6	商业贸易
47	300244	迪安诊断	27.24	23.68	0.96	0.5	13.5	25.2	-1.0	18.8	社会服务
48	300119	瑞普生物	27.20	16.62	0.68	0.7	13.7	17.7	-11.7	-10.3	生物医药
49	300115	长盈精密	27.08	24.15	1.00	0.9	29.2	22.7	8.7	7.4	电子
50	600489	中金黄金	26.63	14.70	0.84	29.0	414.2	17.0	-12.5	9.6	采掘业
平均值			47.22	20.92	0.94	2.3	49.1	23.3	9.4	5.2	

从表 4-1 我们可以看到，在这一阶段 B 类领涨股前 50 名的股票的平均涨幅为 47.2%，阶段平均股价为 20.92 元。2012 年预测年度每股收益平均值为 0.94，阶段平均市盈率为 23，流通股本和流通市值平均值分别为 2.3 亿股和 49 亿元，B 类领涨股的 2012 年预测每股收益增长率平均值和三年平均增长率平均值分别为 9.4% 和 5.2%。

我们来看一下表 4-1 所示的这些数据所隐含的内在意义，从每股收益和市盈率来看，这些领涨股的估值和每股收益基本都处于比较正常的 B 类股标准。从流通市值来看，这些领涨股都是属于比较典型的小盘股的类型，平均流通股本仅有 2.3 亿股。

从领涨股细分来看，我们发现这样一个规律，在 2012 年 1～8 月这段时间，领涨股前 10 名的股票 2012 年预测每股收益增长率平均值和 3 年平均增长率都并不出彩，而且这些领涨股多为次新股，而且基本都是 2012 年 5 月初之后开始快速上涨，这正印证了一种弱势炒新股的现象。在市场处于弱势阶段，那些之前套牢盘不多的次新股，由于刚上市不久，业绩基本稳定，基本面极少有利空，这样的股票成为弱势的香饽饽，许多资金都会向此方向倾斜。在此，笔者要说的是，这与我们统计的 2012 年 1 月 4 日至 2012 年 8 月 29 日这段区间的大盘走势有关，刚好大盘在 2012 年 5 月之后开始了缓缓下跌行情，4 个月累计下跌了 16%。这样的大盘走势为次新股，某种意义上，有炒作的环境，因此，这些领涨股放在后面不同的大盘环境下，往往是并不可以复制的；那些可以重复不断被复制的投资逻辑，是那些业绩稳定逐步增长的股票。记住，虽然我们仅仅统计了 2012 年这一段区间的 B 类股领涨股排名，但是我们是要借此寻找往后一样可以不断复制的投资逻辑。当然，如果我们再往后也遇到大盘处于弱势的情况，同样也可以考虑那些业绩没有较大下滑表现稳定的次新股。

对于业绩对投资收益的影响，笔者会在本章后段详细讲述，在此先谈到这，我们接着来看领涨股的行业分布情况。

根据 2012 年 1 月 4 日至 2012 年 8 月 29 日这一阶段领涨 B 类股的行业分布，可以看到，生物医药行业占据了最多的领涨股行业份额，电子行业和石油化工行业并列第二名。

从行业分布来看，B 类领涨股行业中，具有防御性生物医药行业、社会服务行业、食品饮料和文化传播行业累计占据了 34% 的份额。可以看出，在大盘处于下跌的区间，那些防御性质的行业仍然占据了很大的领涨股行业分布比例，另外，由于在此阶段众多其他行业的次新股相继爆发，因此，诸如电子、石油化工等行业的股票也陆续领涨，这显然与这一阶段的大盘环境有一定关系。

第三节　做好 B 类股的投资

本章前两节分别介绍了 B 类股的细分和在 2012 年年初至 2012 年 8 月这段时间领涨股的情况，在本章最后一节，笔者就来和大家分享究竟如何才能做好 B 类股的投资，在这之前，我们先来看一下影响 B 类股投资收益

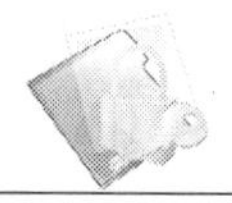

的因素。

一、影响 B 类股投资收益的因素

影响股票的因素有很多，下面我们就来看看几个影响 B 类股波动的因素。

1. 业绩情况

对于 B 类股来说，业绩的变化情况对其股价的波动同样有着举足轻重的影响，下面我们就来看看 B 类股的 2012 年年度预测每股收益增长率排名情况。由于 B 类股股票数量众多，因此笔者在此只列出 B 类股 2012 年年度预测每股收益增长率大于 40% 以上的股票。

表 4 – 2

排名	股票代码	股票简称	2010 年每股收益增长率(%)	2011 年每股收益增长率(%)	2012 年度预测每股收益增长率(%)	3 年平均增长率(%)	2012 年 1 月 4 日至 2012 年 8 月 29 日阶段涨幅（%）
1	600166	福田汽车	52.92	-68.46	393.77	126.08	2.64
2	000042	深长城	36.16	-11.84	163.17	62.50	25.84
3	002277	友阿股份	-31.98	34.41	146.35	49.59	2.41
4	002489	浙江永强	-11.49	-15.27	127.03	33.42	11.80
5	000848	承德露露	-19.18	-10.17	118.87	29.84	34.94
6	300187	永清环保	16.90	-31.33	117.54	34.37	27.81
7	002251	步步高	3.45	52.19	111.10	55.58	13.23
8	002656	卡奴迪路	61.11	67.82	78.08	69.00	12.92
9	000402	金融街	7.27	13.56	73.13	31.32	-3.53
10	600785	新华百货	-6.31	17.31	67.21	26.07	-33.07
11	002029	七匹狼	38.89	46.00	67.12	50.67	-2.99
12	600062	华润双鹤	15.15	1.71	66.39	27.75	35.98

续表

排名	股票代码	股票简称	2010 年每股收益增长率(%)	2011 年每股收益增长率(%)	2012 年度预测每股收益增长率(%)	3 年平均增长率(%)	2012 年 1 月 4 日至 2012 年 8 月 29 日阶段涨幅(%)
13	000999	华润三九	15.28	-6.02	58.97	22.74	32.47
14	002267	陕天然气	13.50	1.10	57.32	23.97	-6.14
15	000423	东阿阿胶	30.91	47.06	55.65	44.54	-14.89
16	002680	黄海机械	19.40	51.25	55.37	42.01	5.52
17	300104	乐视网	42.37	-28.57	53.33	22.38	55.24
18	000028	国药一致	35.82	26.37	47.13	36.44	58.06
19	601566	九牧王	40.35	23.75	45.45	36.52	13.65
20	000983	西山煤电	-8.78	6.46	44.48	14.05	-11.60
21	002385	大北农	0.00	53.66	42.86	32.17	13.54
22	002531	天顺风能	-14.93	-10.53	41.18	5.24	6.58
23	002007	华兰生物	-37.10	-39.46	40.69	-11.96	2.09
24	002605	姚记扑克	10.87	-10.78	40.66	13.58	27.51
25	600056	中国医药	-20.78	38.00	40.15	19.12	-10.28
平均值			11.59	9.93	86.12	35.88	11.99

表 4-2 是以 2012 年年度预测每股收益增长率为排名的业绩情况表，并且附带了 2012 年 1 月 4 日至 8 月 29 日这一阶段的涨幅情况。从表 4-2 中我们可以看到，B 类股中 2012 年年度预测每股收益增长率大于 40% 的 B 类稳定增长股在这段区间平均上涨幅度为 11.99%，此阶段大盘下跌 6.55%，此平均涨幅虽然与这一阶段领涨股平均值有较大差距，但是此平均涨幅已经远远领先于大盘 18.54%。这种可以复制的投资思路所带来的组合收益不但可以重复使用，而且其收益率在这一阶段所有开放式基金收益率排名中也可以名列前茅。如果我们再加入其他的选股方法筛选，将会使平均收益进一步增加。

因此，我们可以说，对于 B 类股，由于基本面稳健，其业绩增长与股价涨跌的相关程度同样非常高，我们选择业绩稳步增长的 B 类股投资组

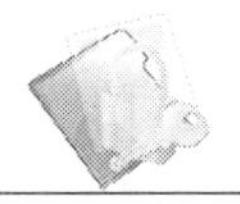

合，往往能够让我们取得不错的投资收益。

2. 其他基本面因素

除了业绩，还有一些其他的基本面因素会影响公司的股价波动，例如公司的流通股本的规模大小，一般来说，那些大盘股，由于流通股本较大，股票分散于众多投资者中，因此股价的上涨会受到阻碍，这样类型的股票一般只有在大牛市的时候才会有不错的表现，而流通股本较小的股票则不管在牛市，震荡市还是在大盘处于较弱的阶段，都会有较大的机会。从我们统计的 B 类领涨股中，我们就可以发现，那些领涨股的平均流通股本仅为 2.3 亿股。

公司的高送配和定向增发等因素也同样是刺激股价上涨的原因之一。

3. 技术面因素

从技术面来说，如果股票处于上涨趋势，上方套牢盘较小，这样更有利于股票的上涨，这一点在 B 类股中有着非常典型的表现，在领涨股中，前 10 名的领涨股都是最近刚刚上市不久的次新股，这些股票由于历史套牢盘少，成为众多机构主力的追逐对象。

4. 其他相关因素

在不同的大盘环境下，就会诞生出那一时期的印记的领涨股票，正如那些在 2012 年 5 月才开始集体启动的次新股来说，一方面得益于自身基本面的稳定和技术面的优势，同样的，在这段大盘进入下跌的行情中，主力庄家们的炒作思路与手法从一定程度上成就了这些次新股的上涨。虽然这些股票表现抢眼，但是，明显有资金炒作的嫌疑，这也是中国股票市场的深刻的时代烙印，在此，笔者只能希望随着中国股票市场的不断发展，中国的股票投资者能够逐步成长成熟起来，这样，股市价格的波动也更加符合客观规律。

二、做好 B 类股投资

与 A 类股的投资思路类似，要想做好 B 类股的投资，首先我们要根据 B 类股的标准挑选出 B 类股，然后，我们要通过业绩、流通股本等因素确定所选 B 类股属于何种细分类型，在确定细分类型之后，我们要进一步对符合条件的 B 类股进行深度的基本面和技术面分析，确定我们需要购买的一只或者几只投资标的，最后，就是要选择合适的介入时机买入。

下面我们就来看几个案例。

我们来看案例一。

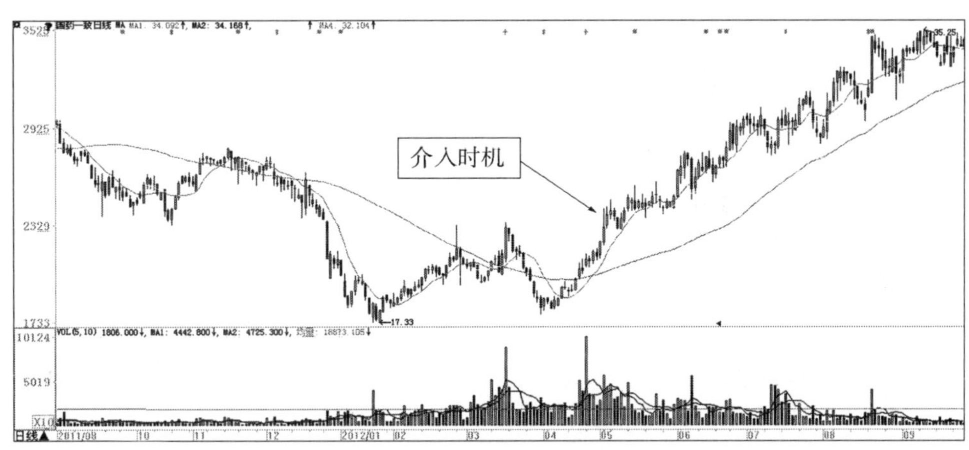

图 4－1

国药一致（000028）是一家从事药品的研发、生产，中西成药、中药材、生物制品、生化药品、保健品、医疗器械的批发销售和连锁零售的公司。公司于 1993 年 2 月 1 日由深圳市矿泉水厂和深圳宝安县石岩镇羊台天然矿泉水厂合并而成。1993 年 5 月 5 日至 6 月 30 日发行境内公众股 1650 万股，职工股 350 万股，定向法人股 1000 万股，特种股 2000 万股；同年 7 月 3 日，“深圳益力矿泉水有限公司”成立。1993 年 8 月，公司股票登录深圳交易所，发行 3000 万股，募集资金 7000 万元。

图 4－1 所示的是国药一致自 2011 年 8 月至 2012 年 9 月这段时间的日

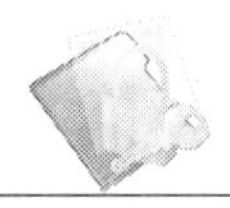

K 线图。根据 2012 年一季度每股收益的筛选，国药一致属于 B 类股的标准。自 2012 年 1 月，大盘开始阶段反弹，在 2012 年 1 月至 3 月，国药一致股价表现一般，仅仅构筑了双底的形态，直到 2012 年 4 月之后，国药一致股价才逐步走入上涨通道，此时，大盘已经开始走弱，在这样的环境下，我们是否对技术面走入上涨趋势的国药一致进行投资呢？

要回答这个问题，我们先来看看国药一致的基本面情况。

我们先来看看国药一致上市以来的每股收益列表。

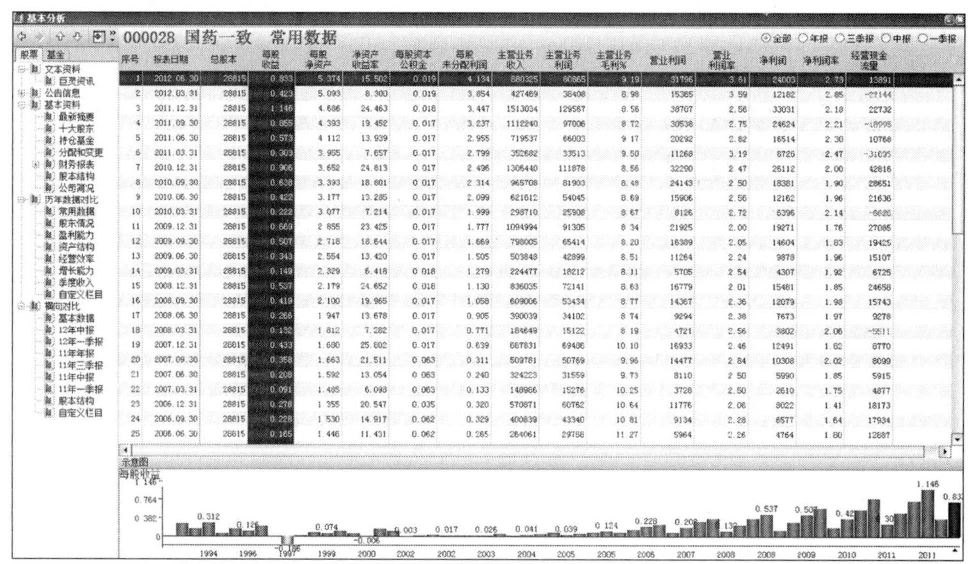

000028 国药一致 常用数据

序号	报表日期	总股本	每股收益	每股净资产	净资产收益率	每股资本公积金	每股未分配利润	主营业务收入	主营业务利润	主营业务毛利%	营业利润	营业利润率	净利润	净利润率	经营现金流量
1	2012.06.30	28815	0.833	5.374	15.502	0.019	4.134	680325	80865	9.19	31796	3.61	24003	2.73	13891
2	2012.03.31	28815	0.423	5.093	8.300	0.019	3.854	427489	38408	8.98	15385	3.59	12182	2.85	-27144
3	2011.12.31	28815	1.146	4.686	24.463	0.018	3.447	1513034	129567	8.56	38707	2.56	33031	2.18	22732
4	2011.09.30	28815	0.855	4.393	19.452	0.017	3.237	1112240	97006	8.72	30538	2.75	24624	2.21	-18995
5	2011.06.30	28815	0.573	4.112	13.939	0.017	2.955	719537	66003	9.17	20292	2.82	16514	2.30	10768
6	2011.03.31	28815	0.303	3.955	7.657	0.017	2.799	352682	33513	9.50	11268	3.19	8726	2.47	-31035
7	2010.12.31	28815	0.906	3.652	24.813	0.017	2.496	1306440	111878	8.56	32290	2.47	26112	2.00	42816
8	2010.09.30	28815	0.638	3.393	18.801	0.017	2.314	965708	81903	8.48	24143	2.50	18381	1.90	28651
9	2010.06.30	28815	0.422	3.177	13.285	0.017	2.099	621612	54045	8.69	15906	2.56	12162	1.96	21636
10	2010.03.31	28815	0.222	3.077	7.214	0.017	1.999	298710	25908	8.67	8126	2.72	6396	2.14	-6626
11	2009.12.31	28815	0.669	2.855	23.425	0.017	1.777	1094994	91305	8.34	21925	2.00	19271	1.76	27085
12	2009.09.30	28815	0.507	2.718	18.644	0.017	1.669	798005	65414	8.20	16389	2.05	14604	1.83	19425
13	2009.06.30	28815	0.343	2.554	13.420	0.017	1.505	503848	42899	8.51	11264	2.24	9878	1.96	15107
14	2009.03.31	28815	0.149	2.329	6.418	0.018	1.279	224477	18212	8.11	5705	2.54	4307	1.92	6725
15	2008.12.31	28815	0.537	2.179	24.652	0.018	1.130	836035	72141	8.63	16779	2.01	15481	1.85	24658
16	2008.09.30	28815	0.419	2.100	19.965	0.017	1.058	609006	53434	8.77	14367	2.36	12079	1.98	15743
17	2008.06.30	28815	0.266	1.947	13.678	0.017	0.905	390039	34102	8.74	9294	2.38	7673	1.97	9278
18	2008.03.31	28815	0.132	1.812	7.282	0.017	0.771	184649	15122	8.19	4721	2.56	3802	2.06	-5511
19	2007.12.31	28815	0.433	1.680	25.802	0.017	0.639	687831	69486	10.10	16933	2.46	12491	1.82	8770
20	2007.09.30	28815	0.358	1.663	21.511	0.063	0.311	509781	50769	9.96	14477	2.84	10308	2.02	8099
21	2007.06.30	28815	0.208	1.592	13.054	0.063	0.240	324223	31559	9.73	8110	2.50	5990	1.85	5915
22	2007.03.31	28815	0.091	1.485	6.098	0.063	0.133	148986	15276	10.25	3728	2.50	2610	1.75	4877
23	2006.12.31	28815	0.278	1.355	20.547	0.035	0.320	570871	60762	10.64	11776	2.06	8022	1.41	18173
24	2006.09.30	28815	0.228	1.530	14.917	0.062	0.329	400839	43340	10.81	9134	2.28	6577	1.64	17934
25	2006.06.30	28815	0.185	1.446	11.431	0.062	0.285	264061	29766	11.27	5964	2.26	4764	1.80	12687

图 4-2

图 4-2 所示的是国药一致上市以来的业绩情况，2009—2011 年这几年国药一致的每股收益分别为 0.669 元、0.906 元、1.146 元，从国药一致的每股收益情况来看，自 2009 年开始，国药一致的业绩一直处于稳步快速增长的势头，2012 年一季度，国药一致每股收益达到 0.423 元，比去年同期增长 40%。

从业绩情况来看，国药一致属于 B 类股中的稳定增长类股票，且三年业绩平均增长率达到了 36%。

为了更加清晰地了解国药一致的基本面，我们来看看 2012 年 4 月群益证券分析师黎莹所发布的对于国药一致的调研报告，以下是简要内容：

国药一致药业为中国南区医药市场龙头企业，在两广区域内精耕细作，医药工业和医药商业稳步发展，公司对外并购扩容加速了两广布局。预估2012—2013年公司实现净利润3.96亿元（YOY+19.8%）、4.81亿元（YOY+21.6%），EPS分别为1.37元、1.67元，对应A股PE分别为13倍、11倍，B股PE分别为9.4倍、7.7倍，估值安全边际高，维持“买入”的投资评级。

再次收购一家二线医药商业龙头企业：国药一致公告，作价5600万元收购江门市仁仁药业有限公司100%股权。仁仁药业是江门市最大的医药配送商，公司主要经营品种超过1000个，与全国百多家医药厂家及医药流通企业有业务往来，业务覆盖所有二甲以上医院及大部分社区医院，渠道聚焦于医院直销客户。此次收购，可以进一步健全分销网络，实现两广区域继续做大做强医药分销的发展目标，提升国药一致中国南区医药第一品牌的影响力。

仁仁药业目前净资产为734.85万元；本次收购以收益法评估，仁仁药业2011年1月至7月实现营收1.28亿元，预估2011年将实现营收2.2亿元，考虑到一致药业商业部分净利润率约2%，收购整合后将提升仁仁药业的获利预期，假设仁仁药业提升至2%的净利润率，收购PE为13倍左右。

未来还将扩展两广二线城市布局：计入江门仁仁药业后，公司分销网络广东地区覆盖9地市，广西地区将覆盖7地市，未来公司在两广二线城市并购运作空间还很大。预计公司还将加快并购动作、扩大市场份额，二线城市精耕细作纯销比重将提高，公司医药商业未来几年稳定增长可期。

医药工业内涵外延持续发展：按照公司“十二五”规划，在内增外延共同发展下医药工业将实现100亿元规模，按照2011年17亿元计算，CAGR约为50%；

目前公司已从抗生素为主导的业务转型打造大健康产业，保健品辅酶Q102011年下半年已上市，深圳中药厂2012年有望开始体现整合效应，引进的韩国新一代可逆质子泵抑制剂胃药Revanex2012年有望获批。同时，公司为国药集团的主要医药工业平台，我们看好公司未来医药工业的乐观

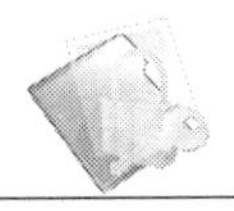

表现。

盈利预测：预估2012—2013年公司实现净利润3.96亿元（YOY+19.8%）、4.81亿元（YOY+21.6%），EPS分别为1.37元、1.67元，对应A股PE分别为13倍、11倍，B股PE分别为9.4倍、7.7倍，估值安全边际高，维持“买入”的投资评级。A股目标价为27元（2012PE20X）、B股目标价22港币（2012PE14X）。

通过上面的研究报告，我们可以得出以下信息，作为南方医药龙头股，国药一致仍在通过收购等方式持续使公司业绩保持快速增长的势头，同时，公司也正在酝酿从传统医药行业向健康产业的转型，根据群益证券的预测，2012年全年，国药一致的业绩保持快速增长是大概率事件。

2012年4月20日，国药一致公布了一季度报告，国药一致：2012年1月至3月每股收益0.423元，净利润同比增长39.71%，国信证券分析师丁丹和贺平鸽对其一季度报告进行了点评：

2012年一季度公司实现收入42.74亿元（+20.94%）；归母净利润1.22亿元（+39.71%），大幅度超出我们和市场普遍预期的<20%的净利增速，EPS0.42元/股。经营性现金流-2.71亿元，好于去年同期的-3.17亿元。从历史情况看，由于医药商业年初铺货的季节性特征，公司每年一季度现金流多数为负，但在2012年银根仍偏紧的大环境下仍需关注后续回款情况。

超预期因素：商业收入加速增长、工业毛利率提升。

医药商业：收入增长25%左右，较2011年的17.5%明显提速，主要原因包括：广东分销份额继续提升；广西除国控南宁、国控柳州继续快速增长外，桂林等去年新设4地分销点也开始贡献收入。同时，通过增加纯销比重、增加疫苗、医疗器械等高毛利率新业务维护了分销毛利率的基本稳定。

医药工业：由于通过新版GMP认证，以及增加头孢口服制剂生产线等原因，致君一度停产改造，影响了发货，拖累一季度工业整体只有个位数增长。但呼吸止咳药稳定增长、头孢系列因口服制剂比重持续提升带动毛利率提升，以及去年收购的深圳中药厂同比扭亏，工业板块利润实现了接近30%的增长。

控费显效：销售费用和管理费用同比下降1.99%、4.61%，控费也是业绩超预期的主要原因之一。

由于国药一致经营稳健、估值低廉，国信证券对国药一致维持“推荐”评级，预计2012—2014年公司EPS为1.44元、1.74元、2.07元，同比增长25.6%、20.6%、19.1%。

通过对2012年初期国药一致的基本面的研究分析，我们发现，国药一致的确是一只业绩逐年增长的B类股，且业绩增长均来自主营业务，在可以预见的几年内，公司业绩都将保持快速的增长势头，因此，在2012年4月后，国药一致股价进入上涨通道时，便是我们介入的时机。至2012年9月，国药一致股价累计上涨了61%，涨幅远远大于同期大盘的幅度，可见，即使在大盘处于弱势行情的情况下，购买业绩稳定快速增长的B类股，仍然可以获取非常不错的投资收益。

我们来看案例二。

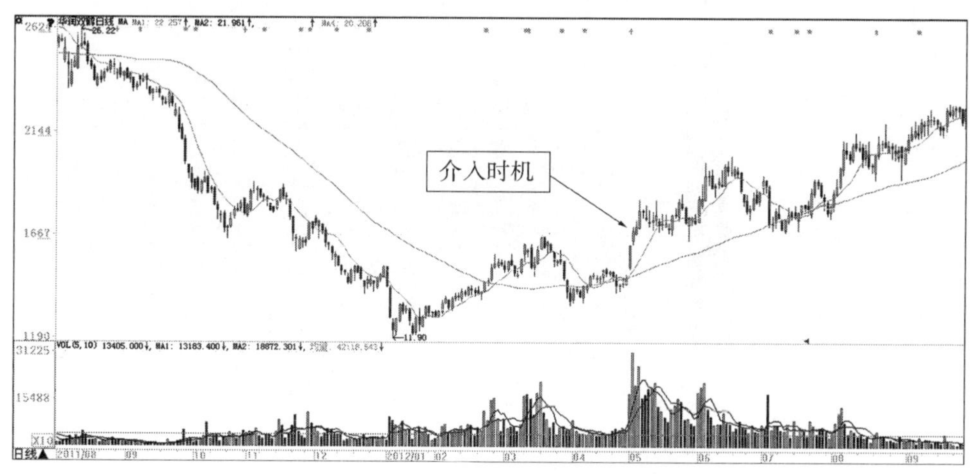

图4-3

华润双鹤（600062）是一家从事加工、制造、销售制剂药品、化学原料药、制药装备的公司。公司主要发起人是北京制药厂。1939年诞生于太行山，1988年以来，连续获得“全国五一劳动奖章”“全国医药行业先进

企业”等称号，被列为北京市 100 户现代企业制度试点单位。1997 年 3 月 2 日，京政办函〔1997〕58 号文，同意北京制药厂以部分资产改组募集设立股份有限公司。1997 年 5 月，公司股票登录上海交易所，发行 4700 万股，募集资金 3.1443 亿元。

图 4－3 所示的是华润双鹤自 2011 年 8 月至 2012 年 9 月这段时间的日 K 线图。根据 2012 年一季度每股收益的筛选，华润双鹤属于 B 类股的标准。自 2012 年 1 月，大盘开始阶段反弹，在 2012 年 1 月至 3 月，华润双鹤跟随大盘逐步上涨，2012 年 3 月后，华润双鹤股价逐步进入整理期，2012 年 5 月初，华润双鹤股价逐步步入上涨通道，此时，大盘已经开始走弱，在这样的环境下，我们能否对技术面走入上涨趋势的华润双鹤进行投资呢？

要回答这个问题，我们先来看看华润双鹤的基本面情况。

我们先来看看华润双鹤上市以来的每股收益列表。

600062 华润双鹤 常用数据

序号	报表日期	总股本	每股收益	每股净资产	净资产收益率	每股资本公积金	每股未分配利润	主营业务收入	主营业务利润	主营业务毛利%	营业利润	营业利润率	净利润	净利润率	经营现金流量
1	2012.06.30	57170	0.590	7.653	7.710	2.038	4.082	370219	111589	30.14	38939	10.52	33734	9.11	14529
2	2012.03.31	57170	0.385	7.832	4.914	2.038	4.261	191979	58535	30.49	24400	12.71	22004	11.46	7442
3	2011.12.31	57170	0.925	7.447	12.425	2.038	3.876	638338	201586	31.58	65522	10.26	52900	8.29	51153
4	2011.09.30	57170	0.706	7.233	9.761	2.043	3.742	452169	148851	32.92	45704	10.11	40364	8.93	9838
5	2011.06.30	57170	0.518	7.045	7.353	2.043	3.554	294468	99752	33.88	32558	11.06	29615	10.06	1145
6	2011.03.31	57170	0.335	7.092	4.722	2.043	3.601	147569	54578	36.98	22176	15.03	19144	12.97	9594
7	2010.12.31	57170	0.910	6.757	13.463	2.043	3.266	536680	190246	35.45	59259	11.04	52010	9.69	50968
8	2010.09.30	57170	0.748	6.595	11.338	2.043	3.168	406323	141392	34.80	49608	12.21	42748	10.52	36287
9	2010.06.30	57170	0.507	6.354	7.976	2.043	2.928	255364	91940	34.65	33355	12.57	28981	10.92	34318
10	2010.03.31	57170	0.306	6.376	4.797	2.042	2.950	135179	48718	36.04	21191	15.68	17486	12.94	-4067
11	2009.12.31	57170	0.790	6.071	13.008	2.042	2.644	503795	167568	33.26	54220	10.76	45146	8.96	34201
12	2009.09.30	57170	0.816	5.891	10.457	2.036	2.522	377236	121348	32.17	41199	10.92	35215	9.33	23544
13	2009.06.30	47641	0.504	6.834	7.377	2.443	2.992	247197	79641	32.22	27434	11.10	24017	9.72	22099
14	2009.03.31	47641	0.307	6.771	4.527	2.443	2.929	123083	39634	32.20	16314	13.25	14605	11.87	10577
15	2008.12.31	47641	0.799	6.464	12.358	2.443	2.623	495152	150133	30.32	42205	8.52	38057	7.69	33171
16	2008.09.30	47641	0.595	6.260	9.501	2.442	2.469	372250	111286	29.90	37874	10.12	28332	7.61	9215
17	2008.06.30	47641	0.402	6.066	6.620	2.442	2.275	245463	72786	29.65	25302	10.31	19134	7.80	6280
18	2008.03.31	44108	0.245	5.229	4.689	1.383	2.469	116246	35932	30.91	12506	10.76	10814	9.30	5530
19	2007.12.31	44108	0.992	4.982	19.913	1.382	2.224	455662	134227	29.46	39376	8.64	43758	9.60	23546
20	2007.09.30	44108	0.492	4.508	10.918	1.380	1.575	334729	94055	28.10	27665	8.26	21707	6.48	19724
21	2007.06.30	44108	0.335	4.351	7.698	1.381	1.418	216343	61615	28.48	18476	8.54	14775	6.83	15391
22	2007.03.31	44108	0.136	4.312	3.164	1.380	1.390	100308	26929	26.85	7319	7.30	6018	6.00	3154
23	2006.12.31	44108	0.373	4.148	9.003	1.380	1.472	413335	114232	27.64	21119	5.11	16474	3.99	30362
24	2006.09.30	44108	0.308	4.034	7.647	1.378	1.177	323036	84421	26.13	17332	5.37	13605	4.21	19834
25	2006.06.30	44108	0.205	4.114	4.979	1.378	1.253	211354	53101	25.12	12326	5.83	9034	4.27	22542

图 4－4

图 4－4 所示的是华润双鹤上市以来的业绩情况，2009—2011 年这几年华润双鹤的每股收益分别为 0.790 元、0.910 元、0.925 元，从华润双鹤的每股收益情况来看，自 2009 年开始，华润双鹤的业绩一直处于稳步增

长的势头，2012 年一季度，华润双鹤每股收益达到 0. 385 元。

从业绩来情况看，华润双鹤属于 B 类股中的稳定增长类股票，且三年业绩平均增长率达到了 27%。

为了更加清晰地了解华润双鹤的基本面状况，我们来看看联讯证券 2012 年年初发布对于华润双鹤的亮点总结：

1. 以大输液为主的内生性增长。在大输液产能过剩以及输液价格下降的背景下，双鹤如何能做到输液的持续增长呢？从销量上看，年产 100 亿瓶确实过量，但从产品包材以及产品类型上看，却未必如此。目前公司高毛利的塑瓶、软袋输液以及治疗性输液的比例均高于行业平均水平，而公司正是依靠包材升级和产品升级来获得二次发展。另外，公司降压 0 号以及众多二线产品，如替米沙坦、匹伐他汀、珂立苏、儿泻康等均取得了较快的增长，随着公司生产及营销整合的完成，这些二线产品及培育期产品中可能会出现几个过亿的大品种。

2. 外延式扩张是必由之路。“用 5 ～ 7 年的时间，达到 100 亿元工业收入”是公司“十二五”规划目标。2011 年工业收入 34 亿元，我们认为，在目前的基础上，如果仅依靠现有产品与业务，则很难达到预期目标，而通过外延式并购或许是比较迅速有效的方法。事实上，公司收购占据河南大输液市场 30% 份额的河南华利药业便是最有力的证明。

3. 整合进入实质阶段。在华润取得北药集团的实际控制权后，对双鹤进行了大幅的整合——剥离非化药资产，其中包括北医股份以及即将剥离的长沙双鹤、山西双鹤等优质资产。因此我们大胆猜测：作为补偿，在不久的将来，华润医药也定会将旗下优质化药资产注入双鹤。2011 年，公司工业收入 34 亿元，按照 5 ～ 7 年时间达到 100 亿元工业收入目标来算，则未来 5 ～ 7 年复合增速为 19. 7% ～ 30%。再通过对比三九医药和东阿阿胶被华润控股后的业绩表现，我们更有理由看好公司未来的发展，而目前公司 17 倍的估值水平显然被低估。

从联讯证券的分析来看，随着公司整合进入实质阶段，未来公司的主营业务将迎来稳步增长的势头，未来 5 ～ 7 年复合增速有望达到 19. 7% ～ 30% 这一区间。

2012年5月2日，华润双鹤公布了2012年一季度报告，2012年一季度实现销售收入19.2亿元，同比增长30%；实现归属于上市公司股东的净利润2.20亿元，同比增长14.94%，实现EPS0.385元；扣非后EPS 0.359元，同比增长12.75%。

国金证券对华润双鹤的一季度业绩进行了点评：

经营分析上，输液板块高增长，集中度有所提升：一季度大输液销售量增长约30%，结构性变化显著，玻瓶输液销量大幅下滑，软袋塑瓶销量大幅提升。

公司2011年下半年收购上海长富，河南双鹤华利两家输液企业；今年中小输液企业陆续退出市场，使得公司市场占有率显著提升。受输液降价影响，利润同比增长约10%，2012年下半年输液利润增速有望同比回升。

内分泌恢复性增长，0号保持稳健增长。内分泌用药糖适平去年完成营销改革，一季度重回增长轨道，增速超过20%，预计全年也将保持较快增长。0号降压片增速超过10%，预计全年仍将保持15%左右的稳健增长。

综合毛利率止跌，费用率稳定：公司一季度综合毛利率为31.3%，较上年同期下降6.44个PP，但较上年下半年基本持平；销售费用率为12.9%，较上年同期下降3.69个PP，与上年四季度持平；管理费用率持平。总体来看，公司各项费用率指标企稳，盈利能力筑底回升。

转让山西双鹤医药股权，聚焦医药工业：一季度公司实现投资收益5149万元，同比增长5540%，主要是由于转让山西双鹤38.94%的股权所致（转让价格8990万元）。公司3月公告拟将持有的长沙双鹤医药有限责任公司66.954%的股权转让给北京医药股份有限公司。按照公司“十二五”战略规划，将进一步聚焦医药工业，逐步剥离医药商业板块。

国金证券预计公司2012—2014年EPS分别为1.04元、1.23元、1.47元，同比增长12%、18%、20%。

通过不同券商的分析，我们都可以得出，华润双鹤业绩在2012年保持稳定增长是大概率事件，对于业绩稳定增长的B类股，一旦其股价走入上涨通道，便是我们介入的好时机。2012 年 5 月，经历调整之后的华润双鹤股价再次走入上涨通道，迎来了我们的买入时机，此后，华润双鹤股价快速上涨，至 2012 年 9 月，公司股价累计上涨了 52%，为我们在弱势市场获利带来了良机。

第五章

C 类股的投资

在本书第三章和第四章我们深度分析了 A 类股和 B 类股的投资情况，由于笔者所分类的股票业绩情况各有不同，所以不同类别的股票在投资技巧方面也各有差异。因此，我们要做的就是具体问题具体分析，在本章我们就来看看 C 类股的投资。

第一节　C 类股的分类标准及细分

我们还是先来看看 C 类股的分类标准。

C 类股的分类标准

C 类股是指那些在过去三年年度每股收益都大于 0 元的，且最后一年的每股收益小于或等于 0.5 元，同时当年的折算每股收益也大于 0 元的股票。

与 B 类股相比，C 类股的业绩基本算比较差劲的了。一般来说，C 类股由于公司基本面状况不佳，公司业绩不稳定，在大盘处于弱势行情中，股价往往表现不尽如人意。

C 类股的细分

C 类股从选股标准来看，C 类股是指那些在过去三年年度每股收益都大于 0 元的，且最后一年的每股收益小于等于 0.5 元，同时当年的折算每股收益也大于 0 元的股票，接下来我们就进一步对 C 类股进行细分。

我们同样会从业绩、流通股本和技术面等方面来对 C 类股进行细分，因为 C 类股的业绩比 A 类、B 类股要差许多，所以分类细节上会有诸多不同之处。

（1）根据业绩的变化情况，我们可以将 C 类股分为业绩快速增长型 C 类股、业绩适度增长型 C 类股和业绩下滑型 C 类股。

我们来看看按照业绩的具体的分类情况。

对于 C 类股来说，其业绩基数非常小，因此，业绩变化也经常大起大落，我们把 C 类股中 2012 年年度预测每股收益增长率大于 40% 的股票称之为业绩快速增长型股票，其中不乏众多股票业绩增速在 1 倍以上的，如果这些业绩快速增长型股票的每股收益三年平均增长率也非常不错，同时，公司的业绩有逐年增长趋势，这样的股票我们可以称之为C类基本面逐步反转型股票。

我们把2012年年度预测每股收益增长率处于0～40%的股票称之为业绩适度增长型C类股，此类股票业绩增长比较适当。

而我们把2012年年度预测每股收益增长率小于0的公司称之为业绩下滑型C类股，此类型的股票由于某种原因业绩下滑，同时C类股的业绩基数问题，所以笔者对类型股票不推荐购买。

至于业绩与股票涨跌的进一步分析，笔者会在本章稍后详细的分析，在此不再赘述。

（2）根据流通盘的大小不同，我们可以将C类股分为大盘C类股、中盘C类股和小盘C类股，与A类股和B类股的分类标准相同。笔者把0～5亿流通股本规模的股票称之为小盘股，把5亿～30亿流通股本规模的股票称之为中盘股，而把流通股本规模在30亿元以上的股票称之为大盘股。

（3）根据股票当前的技术面情况，我们可以将C类股分为上涨趋势C类股，震荡趋势C类股和下跌趋势C类股。由于股票的趋势变化莫测，因此，我们要根据情况实时对分类做出调整。

第二节　C类领涨股分析

与A类股和B类股类似，接下来我们同样取2012年1月4日至8月29日这段这一阶段的情况来分析C类领涨股的情况。在这段时期，上证指数从大趋势来说已经进入下跌趋势中，从小趋势来说，上证指数在2012年年初至2012年3月，走出了一波反弹行情，随后进入了震荡，从2012年5月初开始，上证指数再次进入快速下跌行情中，至2012年8月29日，已连续下跌了16%。

2012年1月4日至8月29日这段时间，上证指数运行了160个交易

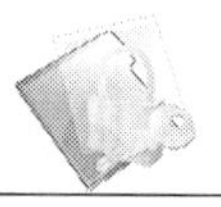

日，累计下跌6.65%，下面我们就来看看这一阶段C类股票前50名领涨股票的具体统计情况。

表5－1

序号	代码	名称	阶段涨幅（%）	阶段平均价（元）	2012年预计每股收益（元）	流通股本（亿）	流通市值（亿）	阶段市盈率（%）	2012年年度预测每股收益增长率（%）	3年平均增长率（%）	行业
1	002490	山东墨龙	147.89	7.29	0.24	4.0	17.5	14.9	－42.9	－30.7	机械仪表
2	000007	零七股份	139.82	12.67	0.01	1.8	29.5	382.4	－68.8	－60.3	社会服务
3	600113	浙江东日	123.80	9.64	0.08	3.2	32.7	51.6	－65.2	－13.9	房地产
4	600260	凯乐科技	122.45	10.12	0.76	5.3	64.3	31.3	533.3	166.7	石油化工
5	002070	众和股份	119.94	5.55	0.12	3.5	31.0	26.2	－31.9	－19.9	纺织服装
6	002390	信邦制药	88.77	15.09	0.16	0.9	18.2	50.3	－40.7	－39.3	生物医药
7	600332	广州药业	87.58	21.85	0.60	8.1	144.6	50.9	70.1	34.9	生物医药
8	002456	欧菲光	85.64	25.17	0.44	0.8	28.4	63.5	300.0	69.1	电子
9	600300	维维股份	83.95	7.16	0.12	16.7	116.9	71.6	33.3	0.9	食品饮料
10	000852	江钻股份	82.67	15.40	0.24	1.3	22.2	60.0	－7.7	－3.8	机械仪表
11	600393	东华实业	82.59	5.69	0.15	2.9	22.5	39.3	270.0	66.0	房地产
12	300084	海默科技	80.55	11.12	0.09	0.7	10.3	62.2	－35.7	－45.0	采掘业
13	002443	金洲管道	77.74	6.46	0.36	1.5	13.3	14.4	0.0	－27.0	金属材料
14	000531	穗恒运A	77.32	10.63	0.79	3.4	39.4	21.0	254.7	50.7	供水供电
15	300128	锦富新材	70.16	13.76	0.64	0.9	18.0	19.1	28.0	7.6	电子
16	002120	新海股份	68.31	9.12	1.00	0.9	10.3	20.3	614.3	193.7	其他制造
17	002016	世荣兆业	67.16	7.72	0.04	4.6	42.2	55.1	－77.8	－20.9	房地产
18	600230	沧州大化	63.02	10.14	0.78	2.6	31.3	21.4	189.6	68.6	石油化工
19	000823	超声电子	61.51	11.94	0.61	4.4	55.6	25.9	47.4	34.8	电子
20	300239	东宝生物	60.91	13.08	0.31	0.9	11.8	37.1	－17.4	23.5	生物医药
21	300032	金龙机电	59.18	17.25	0.24	0.4	9.3	64.4	－18.2	－21.6	电子
22	300016	北陆药业	58.78	10.21	0.29	0.8	10.9	30.7	－1.2	－22.5	生物医药

续表

序号	代码	名称	阶段涨幅（%）	阶段平均价（元）	2012年预计每股收益（元）	流通股本（亿）	流通市值（亿）	阶段市盈率（%）	2012年年度预测每股收益增长率（%）	3年平均增长率（%）	行业
23	000883	湖北能源	58.61	6.44	0.20	4.2	31.3	19.5	-31.0	40.4	供水供电
24	002272	川润股份	56.92	7.97	0.16	1.9	13.1	25.2	-52.6	-34.2	机械仪表
25	600305	恒顺醋业	55.55	12.60	0.14	1.3	19.6	79.8	82.3	6.1	食品饮料
26	300017	网宿科技	55.03	15.51	0.36	0.7	14.5	48.5	2.9	-3.9	信息技术
27	000993	闽东电力	53.64	8.85	0.10	3.7	36.3	62.4	91.2	8.6	供水供电
28	600381	贤成矿业	53.60	4.51	0.05	7.8	40.2	38.2	-65.1	-28.3	采掘业
29	002421	达实智能	53.16	18.31	0.26	0.6	15.6	47.6	-42.2	-18.0	信息技术
30	002084	海鸥卫浴	53.02	4.92	0.02	3.7	20.7	48.2	-37.3	34.5	金属材料
31	300072	三聚环保	50.29	9.64	0.09	2.0	23.4	23.6	-82.0	-38.4	石油化工
32	300090	盛运股份	49.31	12.06	0.22	1.4	19.1	36.9	-21.3	-25.0	机械仪表
33	600629	棱光实业	48.61	7.57	0.18	3.1	24.9	41.6	53.8	1.1	综合类
34	002374	丽鹏股份	47.15	12.89	0.48	0.4	5.7	31.2	200.0	37.1	金属材料
35	002476	宝莫股份	46.72	6.74	0.36	1.8	16.8	15.3	-5.3	-6.3	石油化工
36	600363	联创光电	46.24	7.80	0.04	3.7	32.8	54.5	-84.3	11.4	电子
37	300135	宝利沥青	45.23	7.44	0.15	1.2	11.0	13.0	-58.8	-34.8	石油化工
38	600572	康恩贝	44.80	9.16	0.28	6.0	59.8	22.2	-30.0	7.4	生物医药
39	000036	华联控股	44.53	3.30	0.13	11.2	37.8	25.1	106.5	6.2	房地产
40	002450	康得新	44.48	16.44	0.34	3.4	70.1	39.2	-14.9	-2.6	石油化工
41	000619	海螺型材	44.26	6.74	0.31	3.6	28.5	19.9	26.9	-15.1	石油化工
42	002278	神开股份	43.86	11.47	0.12	1.6	20.1	43.6	-61.3	-34.4	机械仪表
43	000511	银基发展	43.55	3.18	0.02	11.5	41.1	125.5	-46.7	-38.9	房地产
44	000735	罗 牛 山	43.45	4.95	0.02	8.8	52.0	121.5	-68.8	-5.2	农牧业
45	600606	金丰投资	43.16	6.22	0.13	5.2	32.1	17.6	-68.8	-30.0	房地产
46	600774	汉商集团	43.12	6.31	0.06	1.7	13.7	82.3	-33.3	48.6	商业贸易
47	300149	量子高科	43.05	7.70	0.20	0.6	5.3	21.2	-4.8	-23.1	食品饮料

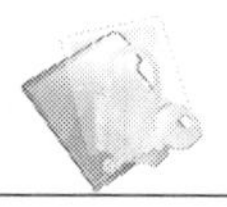

续表

序号	代码	名称	阶段涨幅（%）	阶段平均价（元）	2012年预计每股收益（元）	流通股本（亿）	流通市值（亿）	阶段市盈率（%）	2012年年度预测每股收益增长率（%）	3年平均增长率（%）	行业
48	000407	胜利股份	42.67	5.23	0.02	6.4	35.1	29.7	76.0	0.0	综合类
49	000562	宏源证券	42.44	15.30	0.76	14.6	223.1	22.0	71.8	11.3	金融保险
50	000705	浙江震元	42.29	12.16	0.36	1.0	13.6	46.8	43.1	37.0	商业贸易
平均值			64.97	10.17	0.27	3.7	34.8	48.3	37.6	6.5	

透过表5－1我们可以看到，在这一阶段C类领涨股前50名的股票的平均涨幅为64.97%，阶段平均股价为10.17元，2012年预测年度每股收益平均值为0.27，阶段平均市盈率为48，流通股本和流通市值平均值分别为3.7亿股和34.8亿元，C类领涨股的2012年预测每股收益增长率平均值和三年平均增长率平均值分别为37.6%和6.5%。

我们来看一下表5－1所示的这些数据所隐含的内在意义，从每股收益和市盈率来看，这些领涨股的估值和每股收益基本都属于典型的C类股情况，C类股由于业绩基数差，因此，总体估值相对较高，从流通市值来看，这些领涨股都是属于比较典型的小盘股的类型，平均流通股本为3.7亿股，平均流通市值也只有34.8亿元。

从领涨股细分类看，虽然领涨股中不乏业绩逐步改善、基本面反转型的公司，但是我们也看到，有大量业绩有较大下滑的公司，股价表现同样非常抢眼。这就表现出了与A类、B类股票的明显的不同。究其原因，正是C类股与A类、B类股投资逻辑的不同，对于小盘低市值的C类股来说，一些题材和信息往往会对被背后操作这些股票的主力资金利用，趁势做出一波行情，这种情况在C类股中屡见不鲜，相信随着中国股市越来越发展进步，这样的现象应该会逐步减少。

对于我们投资者来说，能够找到题材牛股当然非常开心，但是，问题是这些题材股往往可能只是一次博弈，并不是可以持续操作，我们要寻找的是那些可以重复获利的盈利模式，而不是只求短期的暴涨，因为投资是一项长期的事业，只有笑到最后才是最终的胜者。

对于业绩对投资收益的影响，笔者会在本章后段详细讲述，在此先谈到这，我们接着来看领涨股的行业分布情况。

根据 2012 年 1 月 4 日至 8 月 29 日这一阶段领涨 C 类股的行业分布。可以看到，石油化工、房地产、电子、机械仪表和生物医药这些板块占据了领涨行业的较大比例。

从行业分布来看，C 类领涨股行业中，具有防御性的生物医药和食品饮料等行业依然占据了较大的领涨股行业分布比例，但是由于众多题材股的崛起，导致行业分布特征并没有 A 类股和 B 类股那么明显。

第三节　做好 C 类股的投资

本章前两节分别介绍了 C 类股的细分和在 2012 年年初至 8 月这段时间领涨股的情况。在本章最后一节，笔者就来和大家分享究竟如何才能做好 C 类股的投资，在这之前，我们先来看一下影响 C 类股投资收益的因素。

一、影响 C 类股投资收益的因素

影响股票的因素有很多，下面我们就来看看几个影响 C 类股波动的因素。

1. 业绩情况

对于 C 类股来说，业绩的变化情况对其股价的波动同样有着重大关系，下面我们就来看看 C 类股的 2012 年年度预测每股收益增长率排名情

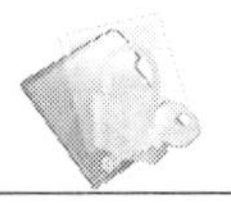

况。由于C类股股票数量众多，因此笔者在此只列出C类股2012年年度预测每股收益增长率大于40%以上的股票。

表5－2

排名	股票代码	股票简称	2010年每股收益增长率(%)	2011年每股收益增长率(%)	2012年年度预测每股收益增长率(%)	3年平均增长率(%)	2012年1月4日至8月29日阶段涨幅(%)
1	000543	皖能电力	86.67	－92.86	1100.00	364.60	15.87
2	600027	华电国际	－83.77	－61.29	900.00	251.65	11.66
3	600796	钱江生化	80.00	－83.33	846.67	281.11	－21.99
4	600397	安源煤业	100.00	－31.94	842.15	303.40	－5.77
5	002120	新海股份	0.00	－33.33	614.29	193.65	68.31
6	600599	熊猫烟花	61.25	－46.51	601.45	205.40	－8.00
7	600321	国栋建设	－51.67	－90.80	580.00	145.84	7.99
8	600986	科达股份	－76.47	100.00	555.00	192.84	32.54
9	600260	凯乐科技	－66.67	33.33	533.33	166.67	122.45
10	600272	开开实业	－31.25	45.45	500.00	171.40	18.40
11	600387	海越股份	－80.00	－86.67	500.00	111.11	2.74
12	600682	南京新百	－20.00	15.00	491.30	162.10	11.76
13	000736	重庆实业	22.86	－44.19	383.33	120.67	36.45
14	600491	龙元建设	－4.88	－25.64	382.76	117.41	4.38
15	002456	欧菲光	－9.86	－82.81	300.00	69.11	85.64
16	002235	安妮股份	－96.45	100.00	300.00	101.18	－26.05
17	002188	新嘉联	－66.67	－66.67	300.00	55.56	24.17
18	600393	东华实业	11.82	－83.74	270.00	66.03	82.59
19	300086	康芝药业	20.00	－99.10	268.79	63.23	－20.46
20	600649	城投控股	11.71	29.73	266.67	102.70	10.40
21	000531	穗恒运A	－46.43	－56.17	254.70	50.70	77.32
22	600973	宝胜股份	－10.45	－84.33	227.66	44.29	－2.64
23	000546	光华控股	－88.00	778.03	223.04	304.36	－6.49
24	300095	华伍股份	－37.80	－67.55	214.20	36.28	－6.42

续表

排名	股票代码	股票简称	2010年每股收益增长率(%)	2011年每股收益增长率(%)	2012年年度预测每股收益增长率(%)	3年平均增长率(%)	2012年1月4日至8月29日阶段涨幅(%)
25	600011	华能国际	-30.95	-68.97	211.11	37.06	18.11
26	600133	东湖高新	-86.35	-10.42	205.66	36.30	-24.00
27	600086	东方金钰	443.67	36.24	203.69	227.86	31.18
28	600167	联美控股	21.68	45.54	201.75	89.65	27.48
29	002374	丽鹏股份	-15.49	-73.33	200.00	37.06	47.15
30	600891	秋林集团	2800.00	-86.21	200.00	971.26	-10.34
31	600230	沧州大化	42.60	-26.48	189.62	68.58	63.02
32	002193	山东如意	-9.68	-75.00	185.71	33.68	17.55
33	002148	北纬通信	36.17	-84.38	180.00	43.93	-8.98
34	000829	天音控股	9.33	-84.76	180.00	34.86	-17.22
35	600119	长江投资	-1.40	41.84	170.00	70.15	5.41
36	000591	桐君阁	-12.60	-56.98	162.83	31.08	21.12
37	000702	正虹科技	0.00	-33.33	160.00	42.22	3.59
38	600369	西南证券	-27.78	-71.79	154.55	18.32	-6.26
39	600297	美罗药业	-1.50	-60.66	152.90	30.25	-2.30
40	300132	青松股份	40.35	-76.78	152.53	38.70	-1.87
41	600738	兰州民百	53.19	24.31	148.04	75.18	13.73
42	600329	中新药业	-42.86	-17.50	142.42	27.36	30.37
43	600506	香梨股份	-90.00	61.90	135.29	35.73	30.26
44	600666	西南药业	-47.62	9.09	133.33	31.60	-2.03
45	000998	隆平高科	58.24	78.81	132.85	89.96	17.56
46	000710	天兴仪表	-23.71	-93.82	130.30	4.26	-13.28
47	600531	豫光金铅	22.22	-45.45	126.67	34.48	8.57
48	600252	中恒集团	-22.50	-7.80	126.24	31.98	7.13
49	000534	万泽股份	-16.67	0.00	123.20	35.51	18.45
50	000921	ST 科龙	191.00	-61.58	123.02	84.15	5.26
51	000554	泰山石油	-25.00	28.00	118.75	40.58	-24.45

续表

排名	股票代码	股票简称	2010 年每股收益增长率(%)	2011 年每股收益增长率(%)	2012 年年度预测每股收益增长率(%)	3 年平均增长率(%)	2012 年 1 月 4 日至 8 月 29 日阶段涨幅(%)
52	000980	金马股份	27.27	-21.43	118.18	41.34	-8.78
53	600218	全柴动力	82.32	-72.73	116.89	42.16	-41.82
54	600651	飞乐音响	36.04	62.91	116.26	71.74	1.35
55	300189	神农大丰	31.54	-23.24	115.85	41.38	-0.53
56	600182	S 佳通	-66.67	53.33	113.91	33.53	13.38
57	002330	得利斯	-48.09	4.25	110.87	22.34	3.41
58	000547	闽福发 A	-64.29	90.00	110.53	45.41	18.95
59	000903	云内动力	-19.82	-83.61	110.17	2.25	11.03
60	002215	诺普信	-26.47	-54.00	108.70	9.41	-2.48
61	000665	武汉塑料	90.00	68.42	108.33	88.92	4.94
62	600257	大湖股份	274.45	-75.69	108.15	102.31	6.58
63	002349	精华制药	-0.44	-11.63	107.90	31.94	8.68
64	000036	华联控股	-17.88	-69.90	106.47	6.23	44.53
65	600758	红阳能源	-40.00	-11.11	106.00	18.30	0.94
66	000766	通化金马	-57.14	0.00	102.67	15.17	15.71
67	002100	天康生物	-20.00	-45.83	100.00	11.39	10.16
68	600821	津劝业	100.00	0.00	100.00	66.67	3.05
69	600435	北方导航	-28.95	-92.59	100.00	-7.18	-7.37
70	000920	南方汇通	75.00	-1.71	99.13	57.47	7.74
71	000090	深天健	86.62	83.43	97.21	89.09	6.05
72	000988	华工科技	55.00	-20.97	95.92	43.32	1.81
73	002306	湘鄂情	-42.00	62.07	95.74	38.60	37.93
74	002170	芭田股份	782.05	-53.49	95.00	274.52	7.85
75	600251	冠农股份	-75.00	2150.00	94.76	723.25	1.19
76	600292	九龙电力	-48.22	37.50	94.55	27.94	2.73
77	000993	闽东电力	16.67	-82.14	91.20	8.57	53.64
78	601636	旗滨集团	-45.02	-42.92	90.93	1.00	-0.44

续表

排名	股票代码	股票简称	2010 年每股收益增长率（%）	2011 年每股收益增长率（%）	2012 年年度预测每股收益增长率（%）	3 年平均增长率（%）	2012 年 1 月 4 日至 8 月 29 日阶段涨幅（%）
79	600993	马应龙	-32.11	-43.24	90.48	5.04	-6.46
80	600007	中国国贸	-58.62	58.33	89.47	29.73	9.90
81	600616	金枫酒业	-25.00	6.67	87.50	23.06	28.16
82	002295	精艺股份	-11.89	-78.54	86.80	-1.21	-19.46
83	600235	民丰特纸	-35.00	-88.46	86.67	-12.26	3.80
84	600858	银座股份	-22.76	2.48	84.96	21.56	5.11
85	000078	海王生物	257.50	12.59	84.35	118.15	-4.97
86	000020	深华发 A	224.00	12.96	82.51	106.49	18.60
87	600305	恒顺醋业	4.33	-68.45	82.28	6.05	55.55
88	000878	云南铜业	13.33	29.41	81.82	41.52	1.86
89	600108	亚盛集团	7.00	-14.95	78.96	23.67	8.16
90	300031	宝通带业	-65.89	-18.18	77.78	-2.10	-2.08
91	000407	胜利股份	21.95	-98.00	76.00	-0.02	42.67
92	600814	杭州解百	9.52	8.70	76.00	31.41	5.32
93	000785	武汉中商	28.57	18.52	75.00	40.70	1.96
94	002381	双箭股份	-52.38	-36.00	75.00	-4.46	12.30
95	600398	凯诺科技	8.33	23.08	75.00	35.47	-6.28
96	000927	一汽夏利	70.82	-63.49	74.93	27.42	-11.49
97	000950	建峰化工	-63.33	-31.82	72.00	-7.72	25.00
98	000562	宏源证券	12.66	-50.56	71.82	11.30	42.44
99	000712	锦龙股份	-22.73	-86.27	70.29	-12.91	32.91
100	600332	广州药业	26.54	7.90	70.14	34.86	87.58
101	000403	S*ST 生化	1300.00	35.71	68.42	468.05	-11.01
102	000783	长江证券	-13.24	-67.80	68.42	-4.20	8.94
103	600804	鹏博士	-38.89	9.09	66.67	12.29	1.03
104	000516	开元投资	-16.00	-14.29	66.67	12.13	2.46
105	000016	深康佳 A	-46.38	-70.30	66.18	-16.83	0.95

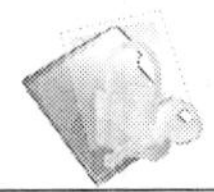

续表

排名	股票代码	股票简称	2010 年每股收益增长率(%)	2011 年每股收益增长率(%)	2012 年年度预测每股收益增长率(%)	3 年平均增长率(%)	2012 年 1 月 4 日至 8 月 29 日阶段涨幅(%)
106	600731	湖南海利	-20.00	6.25	64.71	16.99	11.88
107	600647	同达创业	-87.18	10.63	64.13	-4.14	12.10
108	601801	皖新传媒	2.86	22.22	63.64	29.57	3.99
109	600368	五洲交通	35.71	15.79	63.64	38.38	8.23
110	000040	宝安地产	50.00	42.86	60.00	50.95	13.74
111	601377	兴业证券	-35.00	-48.72	60.00	-7.91	-6.09
112	600285	羚锐制药	60.00	-37.50	60.00	27.50	24.48
113	600543	莫高股份	18.18	15.38	60.00	31.19	20.75
114	002015	霞客环保	25.00	0.00	60.00	28.33	-16.99
115	601872	招商轮船	80.00	-72.22	60.00	22.59	-6.25
116	601116	三江购物	2.78	3.14	59.54	21.82	5.29
117	000564	西安民生	8.44	3.43	59.09	23.66	-3.68
118	601901	方正证券	-9.93	-81.42	58.73	-10.87	-1.95
119	000796	易食股份	21.70	-45.52	58.67	11.62	7.12
120	600518	康美药业	36.13	10.43	57.94	34.83	40.64
121	000626	如意集团	45.10	-48.35	56.37	17.71	-5.60
122	002160	常铝股份	751.61	-93.18	55.56	238.00	-16.55
123	600861	北京城乡	-14.29	9.38	54.70	16.60	-5.82
124	600629	棱光实业	2.47	-53.01	53.85	1.10	48.61
125	002199	东晶电子	0.46	-84.00	52.89	-10.22	-1.55
126	300005	探路者	-50.62	-0.05	51.78	0.37	28.13
127	601818	光大银行	38.46	25.00	51.11	38.19	0.84
128	002382	蓝帆股份	-46.00	-55.56	50.00	-17.19	-17.23
129	002183	怡亚通	14.29	-33.33	50.00	10.32	2.42
130	600059	古越龙山	44.29	32.67	49.25	42.07	20.19
131	600021	上海电力	-45.82	140.29	48.91	47.79	4.49
132	600665	天地源	36.37	20.21	48.67	35.09	15.94

续表

排名	股票代码	股票简称	2010 年每股收益增长率(%)	2011 年每股收益增长率(%)	2012 年年度预测每股收益增长率(%)	3 年平均增长率(%)	2012 年 1 月 4 日至 8 月 29 日阶段涨幅(%)
133	000816	江淮动力	-5.88	-64.94	48.31	-7.50	-32.01
134	002264	新华都	-25.00	-4.17	48.17	6.34	-26.24
135	000823	超声电子	43.03	14.02	47.37	34.81	61.51
136	002521	齐峰股份	23.15	-71.43	47.37	-0.30	4.00
137	600530	交大昂立	137.50	-5.26	46.67	59.63	10.06
138	600512	腾达建设	-72.73	0.00	46.67	-8.69	-4.08
139	300053	欧比特	-28.86	-47.92	44.79	-10.67	-15.39
140	000713	丰乐种业	11.27	-45.08	44.32	3.50	-21.72
141	300252	金信诺	11.29	-46.38	44.00	2.97	-11.59
142	000759	中百集团	-2.63	5.41	43.59	15.45	-24.14
143	002210	飞马国际	99.53	47.53	43.54	63.53	12.68
144	600093	禾嘉股份	-4.76	737.50	43.28	258.67	18.92
145	000705	浙江震元	18.38	49.67	43.08	37.05	42.29
146	002083	孚日股份	58.33	-26.32	42.86	24.96	-26.43
147	002074	东源电器	-20.83	-26.32	42.86	-1.43	-31.07
148	600423	柳化股份	75.00	20.29	42.52	45.93	-6.87
149	600841	上柴股份	100.00	53.57	42.33	65.30	37.75
150	002297	博云新材	-60.00	41.58	41.26	7.61	1.41
151	002678	珠江钢琴	22.73	25.93	41.18	29.94	-27.07
152	000985	大庆华科	-9.09	-3.45	40.86	9.44	3.02
153	600870	ST 厦华	-39.29	-83.24	40.35	-27.39	-1.01
154	000701	厦门信达	19.00	23.53	40.27	27.60	-4.29
155	600521	华海药业	-61.82	90.48	40.00	22.89	24.22
156	002412	汉森制药	4.44	-57.45	40.00	-4.33	4.93
157	002095	生意宝	-17.39	-47.37	40.00	-8.25	9.03
平均值			42.46	4.99	148.57	65.34	9.48

表 5－2 是以 2012 年度预测每股收益增长率为排名的业绩情况表，并且附带了 2012 年 1 月 4 日至 8 月 29 日这一阶段涨幅情况。从上表中我们可以看到，C 类股中 2012 年度预测每股收益增长率大于 40% 的 C 类业绩快速增长股在这段区间平均上涨幅度为 9.48%，比 B 类股的 2012 年度预测每股收益增长率大于 40% 的平均涨幅 11.99% 要小一些，此阶段大盘下跌 6.55%，此平均涨幅虽然与这一阶段领涨股平均值有较大差距，但是此平均涨幅仍然领先大盘 16.03%。我们可以看到，同样都是预期增长率大于 40% 的股票，B 类股的平均涨幅大于 C 类股，这也正说明了 C 类股的业绩基数不如 B 类股的缘由，也正因为 C 类股业绩基数小，只有业绩大幅增加，对股价的刺激作用才会更加明显。

下面我们就来看看随着 C 类股业绩增长率名次的递减，阶段涨幅的变化情况。

表 5－3

名次情况	排名项目			
	2012 年度预测每股收益增长率（%）	3 年平均增长率（%）	2012 年预计每股收益（元）	2012 年 1 月 4 日至 8 月 29 日阶段涨幅
C 类股前 20 名平均值	526.79	162.28	0.601	22.65
C 类股前 50 名平均值	313.74	118.85	0.483	15.89
C 类股前 100 名平均值	203.71	84.06	0.437	13.01
C 类股前 157 名平均值	148.57	65.34	0.400	9.48

从表 5－3 可以看出，随着 C 类股业绩增长率名次的逐步递减，2012 年 1 月 4 日至 8 月 29 日阶段的涨幅也随之下降，这正说明，那些业绩大幅增长的 C 类股股价上涨的幅度要比那些业绩增长较快的 C 类股大。

因此，对于 C 类股来说，我们一定要尽量挑选那些业绩增长率非常快的股票进行操作。

但是无论如何，业绩的变化始终是影响 C 类股股价波动的重要因素。

2. 其他基本面因素

除了业绩，还有一些其他的基本面因素会影响公司的股价波动，这一点我们已经在C类股的领涨股排行表中发现端倪了，而且C类股的这些影响因素比A类、B类股来说更加明显，比如公司可能的重组信息以及突如其来的题材，都有可能给那些小盘的C类股股价带来大幅的波动。

这一点我们会在本章最后的案例中分析到。

3. 技术面因素

从技术面来说，如果股票处于上涨趋势，上方套牢盘较小，这样更有利于股票的上涨，这一点对于C类股来说，同样非常重要，我们操作C类股更要关注技术面的变化情况，因为C类股业绩往往不佳，一旦技术面出现下跌趋势，一般很难翻身。

4. 其他相关因素

之前说到，驱动小盘股上涨因素不仅仅是业绩，来自各方媒体报道的信息，将会诞生各种所谓的题材，有些题材甚至是媒体挖掘的，因此，我们对C类股的投资，特别是有关题材和消息类的股票，一定要眼观六路，耳听八方，通过多渠道关注各种信息，并且对各种信息进行判断分析。

二、做好C类股投资

由于C类股领涨股的分布于A类股和B类股有较大不同，因此，对于C类股，首先我们可以采用多种思路协同分析的方式，最重要的，也是可以循环使用的方式，就是要遵循业绩思路，选出业绩反转型的公司进行投资；其次，我们要对那些题材等公司的信息进行分析，寻找那些可能会成为题材龙头股的股票，再结合基本面和技术面进行综合分析，寻找合适投资标的，并在适当的时候介入。

下面我们就来看几个案例。

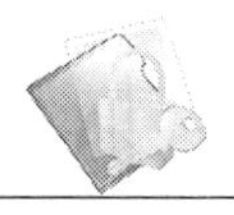

我们先来看几个业绩稳定逐步增长类型的C类股投资案例。

我们来看案例一。

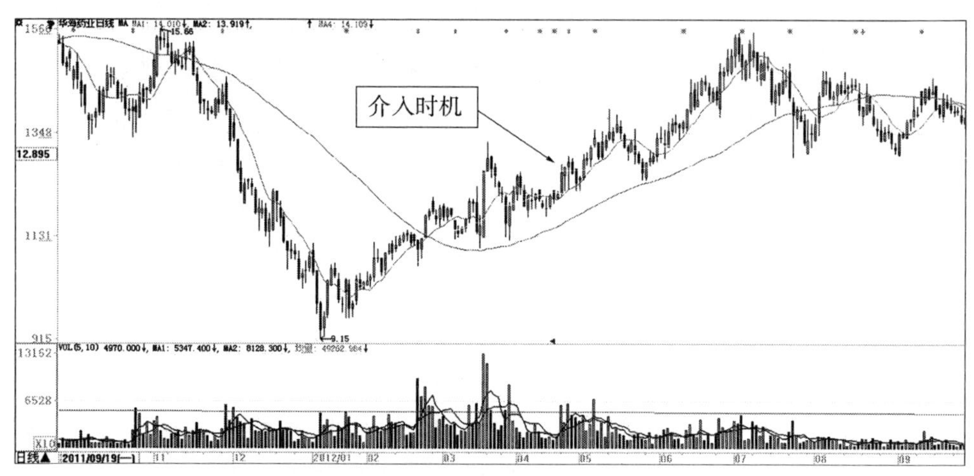

图5－1

华海药业（600521）是一家从事片剂、硬胶囊剂、原料药、医药中间体的制造与销售的公司。公司是于2001年1月19日经浙江省人民政府企业上市工作领导小组批准，由原浙江华海药业集团有限公司的股东陈保华、周明华、清华紫光科技创新投资有限公司、北京东方经典商务顾问有限公司、浙江美阳国际石化医药工程设计有限公司、宁波泰达进出口有限公司、时惠麟共同发起，以2000年12月31日经审计的净资产6500万元，按1∶1的折股比例，将原浙江华海药业集团有限公司依法整体变更而设立的股份有限公司。本公司于2001年2月28日在浙江省工商行政管理局领取了企业法人营业执照，注册资本6500万元。2003年3月，公司股票登录上海交易所，发行3500万股，募集资金5.4425亿元。

图5－1所示的是华海药业自2011年9月至2012年9月这段时间的日K线图。根据2012年一季度每股收益的筛选，华海药业属于C类股的标准。自2012年1月，大盘开始阶段反弹，华海药业逐步走出下跌趋势，2012年4月，华海药业股价在经历了一段调整之后，再次在60日均线处企稳，随后华海药业股价又逐步进入上涨通道，在这样的环境下，我们能否对技术面走入上涨趋势的华海药业进行投资呢？

要回答这个问题，我们先来看看华海药业的基本面情况。

我们先来看看华海药业上市以来的每股收益列表。

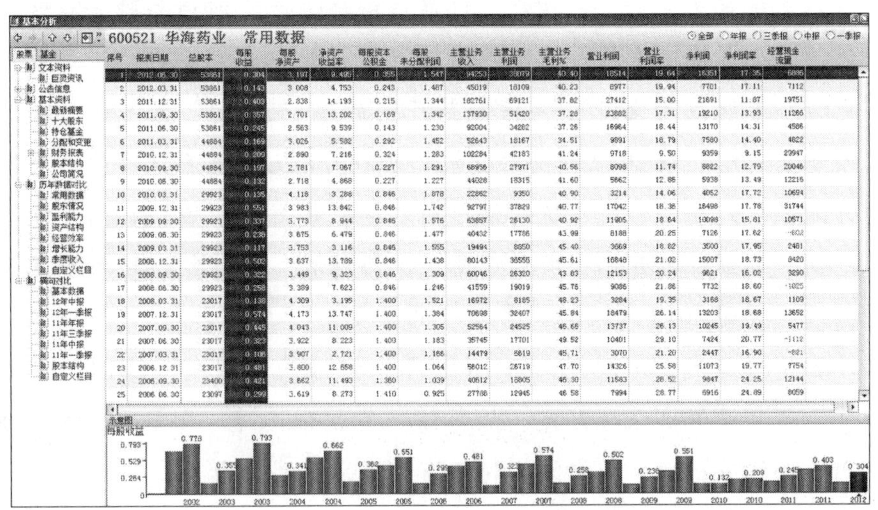

600521 华海药业 常用数据

序号	报表日期	总股本	每股收益	每股净资产	净资产收益率	每股资本公积金	每股未分配利润	主营业务收入	主营业务利润	主营业务毛利%	营业利润	营业利润率	净利润	净利润率	经营现金流量
1	2012.06.30	53861	0.304	3.197	9.495	0.355	1.547	94253	38079	40.40	16514	19.64	16351	17.35	6886
2	2012.03.31	53861	0.143	3.008	4.753	0.243	1.487	45019	18109	40.23	8977	19.94	7701	17.11	7112
3	2011.12.31	53861	0.403	2.838	14.193	0.215	1.344	182761	69121	37.82	27412	15.00	21691	11.87	19751
4	2011.09.30	53861	0.357	2.701	13.202	0.169	1.342	137930	51420	37.28	23882	17.31	19210	13.93	11286
5	2011.06.30	53861	0.245	2.563	9.539	0.143	1.230	92004	34282	37.26	16964	18.44	13170	14.31	4586
6	2011.03.31	44884	0.169	3.025	5.582	0.292	1.452	52643	18167	34.51	9891	18.79	7580	14.40	4822
7	2010.12.31	44884	0.209	2.890	7.216	0.324	1.283	102284	42183	41.24	9718	9.50	9359	9.15	23947
8	2010.09.30	44884	0.197	2.781	7.087	0.227	1.291	68956	27971	40.56	8098	11.74	8822	12.79	20046
9	2010.06.30	44884	0.132	2.718	4.868	0.227	1.227	44028	18315	41.60	5662	12.86	5938	13.49	12216
10	2010.03.31	29923	0.135	4.118	3.288	0.846	1.878	22862	9350	40.90	3214	14.06	4052	17.72	10694
11	2009.12.31	29923	0.551	3.983	13.842	0.846	1.742	92797	37829	40.77	17042	18.38	16498	17.78	31744
12	2009.09.30	29923	0.337	3.773	8.944	0.846	1.576	63857	26130	40.92	11905	18.64	10098	15.81	10571
13	2009.06.30	29923	0.238	3.675	6.479	0.846	1.477	40432	17786	43.99	8188	20.25	7126	17.62	-602
14	2009.03.31	29923	0.117	3.753	3.116	0.846	1.555	19494	8850	45.40	3669	18.82	3500	17.95	2481
15	2008.12.31	29923	0.502	3.637	13.789	0.846	1.438	80143	36555	45.61	16848	21.02	15007	18.73	8420
16	2008.09.30	29923	0.322	3.449	9.323	0.846	1.309	60046	26320	43.83	12153	20.24	9621	16.02	3290
17	2008.06.30	29923	0.258	3.389	7.623	0.846	1.246	41559	19019	45.76	9086	21.86	7732	18.60	-1025
18	2008.03.31	23017	0.138	4.309	3.195	1.400	1.521	16972	8185	48.23	3284	19.35	3168	18.67	1109
19	2007.12.31	23017	0.574	4.173	13.747	1.400	1.384	70698	32407	45.84	18479	26.14	13203	18.68	13652
20	2007.09.30	23017	0.445	4.043	11.009	1.400	1.305	52584	24525	46.66	13737	26.13	10245	19.49	5477
21	2007.06.30	23017	0.323	3.922	8.223	1.400	1.183	35745	17701	49.52	10401	29.10	7424	20.77	-1112
22	2007.03.31	23017	0.106	3.907	2.721	1.400	1.166	14479	6819	45.71	3070	21.20	2447	16.90	-821
23	2006.12.31	23017	0.481	3.800	12.658	1.400	1.064	58012	28719	47.70	14326	25.58	11073	19.77	7754
24	2006.09.30	23400	0.421	3.862	11.493	1.380	1.039	40612	18805	46.30	11583	28.52	9847	24.25	12144
25	2006.06.30	23097	0.299	3.619	8.273	1.410	0.925	27768	12945	46.58	7994	28.77	6916	24.89	8059

图 5-2

从图 5-2 我们可以看到，2010 年华海药业的业绩迎来低潮期，2010 年之后，华海药业的业绩开始了逐步复苏，2011 年，华海药业每股收益达到 0.403，较 2010 年增长 93%，可见，华海药业业绩正在逐步转好。

由此来看，华海药业属于业绩快速增长型的 C 类股。

为了进一步地了解华海药业的基本面情况。

2012 年 3 月初，华海药业发布公告称将调整公开发行股票数量，调整为发行不超过 5500 万股。

中金公司孙亮和周峰以此事为契机，对华海药业高管进行了拜访调研：

公司公告修改后的融资新方案：发行股票数量从此前的 1 亿股调整为不超过 5500 万股；融资规模由此前的 13.32 亿元调整为不超过 8 亿元。同时我们近期拜访了公司，其经营情况有所更新。

评论：

融资规模缩减，投资项目规模不减，缺口靠短融弥补。此次发行不到 5500 万股，发行不到原股本的 10.2%，摊薄程度较小；融资规模缩减到 8

亿元，而投资项目和金额均没有变化。此中差额约5.32亿元，预计靠即将发行的短期融资券弥补。

沙坦发展势头良好，氯沙坦钾订单猛增。受益于沙坦品种全球专利到期，近两年公司快速发展。2010年下半年氯沙坦钾专利到期，公司此前准备不充分，未能成为全球主要仿制药厂商的第一波供应商，因此对2011年业绩供应有限。在2012年年初，氯沙坦钾专利过期已经1年半，仿制药厂商开始寻求产能大、价格低的供应商。华海是全球沙坦原料药产能最大的生产商。部分订单开始由印度厂商向华海转移。预计氯沙坦钾和厄贝沙坦有望成为公司2012年沙坦业务增长的主要动力。

沙坦价格稳定，原料药和中间体产能扩张同时进行。2012年1～2月，沙坦各品种价格保持稳定，原料药产能扩张迅速，年底有望超过800吨，同时在江苏扩张上游中间体的产能，提高盈利能力。

与诺华合作下半年供货，2013年规模有望过亿元。公司与诺华的合作下半年有望开始供货，主要是原料药品种，明年有望规模放大，预计年销售额超过1亿元。

2012期权计划确认费用同比减少2459万元，增厚EPS 0.05元。

按照公司2011—2012年的股权激励计划，公司在2011年报中确认费用6000万元，而2012年只需确认费用3541万元，同比减少2459万元，预计可增厚EPS 0.046元。

估值与建议：

维持“推荐”评级和盈利预测。对应最新股价，当前2012—2013年PE分别是18.8x、14.1x，如果此次融资能顺利完成，将能有效支持公司近两年的快速发展，提高长期发展潜力，维持“推荐”评级。

通过中金公司的分析，此次融资成功后，华海药业公司将在近几年迎来高增长的时代，我们继续来看看2012年年初期华海药业的业绩实现情况。

2012年4月，公司公布了一季度的业绩报告，华海药业2012年1～3月每股收益0.14元，每股净资产3.01元，净资产收益率4.89%；营业收入45019.36万元，同比减少14.48%，净利润7700.82万元，同比增长

1.59%。

招商证券分析师李珊珊、徐列海对华海药业一季度的业绩进行了分析点评：

2012年一季度主业增长远超预期。2012年Q1公司实现收入4.5亿元，同比下降14.5%；净利润7701万元，EPS 0.14元，同比增长1.6%，高于我们在一季报业绩前瞻中的预期（EPS 0.12元，同比下降13%）；每股经营性现金流0.13元，同比增长47%。去年一季度公司房地产收入2.13亿元，扣除该部分影响后，2012年一季度主业收入增速43.8%；利润方面，去年一季度地产贡献净利约4000万元，股权激励费用1289万元，今年一季度股权激励费用1500万元，在假设主业税率为15%的前提下，主业净利润增长率 = （7701 + 1500 × 85%） ÷ （7580 − 4000 + 1289 × 85%） =192%，远超过我们50%的预测。

沙坦类原料药是公司业绩增长的主要驱动力。我们预计一季度公司普利保持平稳增长，沙坦同比增长50%以上，国际制剂自主销售实现收入2000多万元。一季度公司氯沙坦订单增长超公司预期，下半年缬沙坦美国专利到期。

我们估算，全球沙坦类原研药API年用量1800吨，仿制药API有望超过3000吨。公司目前各类沙坦API产能共700余吨，其中氯沙坦产能270吨、缬沙坦180吨（2012年将扩产150吨）、厄贝沙坦300吨（2012年将扩产120吨）。我们认为，未来两年内全球沙坦类原料药市场仍将呈现爆发式增长，公司将持续受益。

沙坦放量，制剂突破，维持“强烈推荐－A”的投资评级。我们维持盈利预测：预计2012—2014年公司收入同比增长12%、25%和22%，净利润同比增长35%、24%和23%，实现EPS0.54元、0.67元和0.83元（暂不考虑本期可行权的1090万份期权），对应PE分别为24倍、19倍、15倍。公司产业升级思路清晰，沙坦业务保证未来两年的业绩高增长，国际制剂出口可以享受估值溢价，股权激励促进长远发展，维持“强烈推荐－A”的投资评级。

根据这两份研究报告的分析，我们可以判断，2012年，华海药业的业

绩将步入快速发展通道，在这样的基本面预期下，2012 年 4 月，当华海药业股价再次进入上涨通道后，便给我们提供了买入的良机，此后 3 个月，华海药业股价累计上涨了 28%。

对于业绩保持快速增长的 C 类股，一旦我们确定当前环境，其业绩增长是大概率事件，在其股价步入上涨通道的初期，便是我们介入获利的好时机。

我们来看案例二。

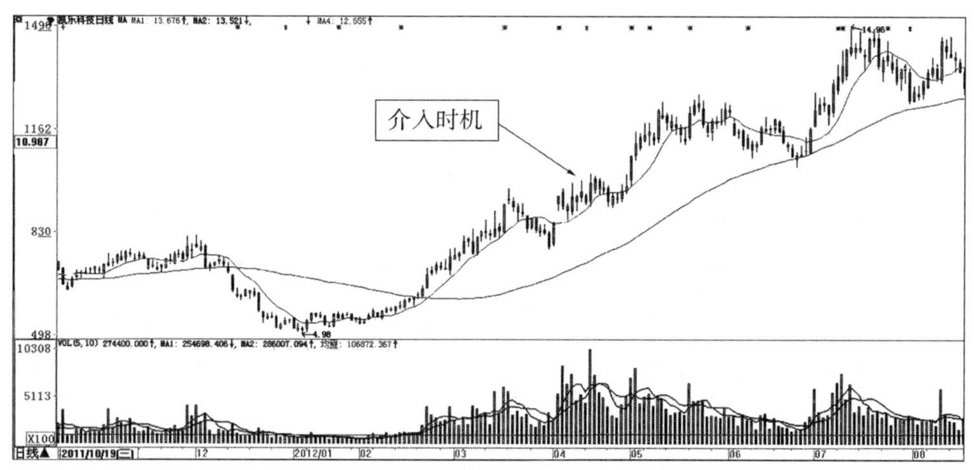

图 5－3

凯乐科技（600260）是一家主营塑料硬管及管件、软管、管材、塑料零件及塑料土工合成材料、网络光缆护套材料、新型建材装饰材料的制造、销售兼营对外投资的公司。公司于 1993 年 2 月经湖北省体改委以鄂改生〔1993〕40 号文批准，由湖北省荆州地区塑料管材厂、公安县国资局、湖北省荆州板纸厂、湖北省公安县纺纱厂作为发起人，以定向募集方式设立湖北省荆州地区塑料管材股份有限公司；1997 年 6 月更名为"湖北省凯乐塑料管材（集团）股份有限公司"2000 年 7 月，公司登录上海交所，发行 5500 万股，募集资金 5.054 亿元。

图 5－3 所示的是凯乐科技自 2011 年 10 月至 2012 年 8 月这段时间的日 K 线图。根据 2012 年一季度每股收益的筛选，凯乐科技属于 C 类股的标准。自 2012 年 1 月，大盘开始阶段反弹，凯乐科技股价便开始逐步上

涨，至2012年3月，凯乐科技股价进行了阶段回调。此后，凯乐科技股价再次进入上升浪，在这样的环境下，我们能否对技术面走入上涨趋势的凯乐科技进行投资呢？

要回答这个问题，我们先来看看凯乐科技上市以来的每股收益列表。

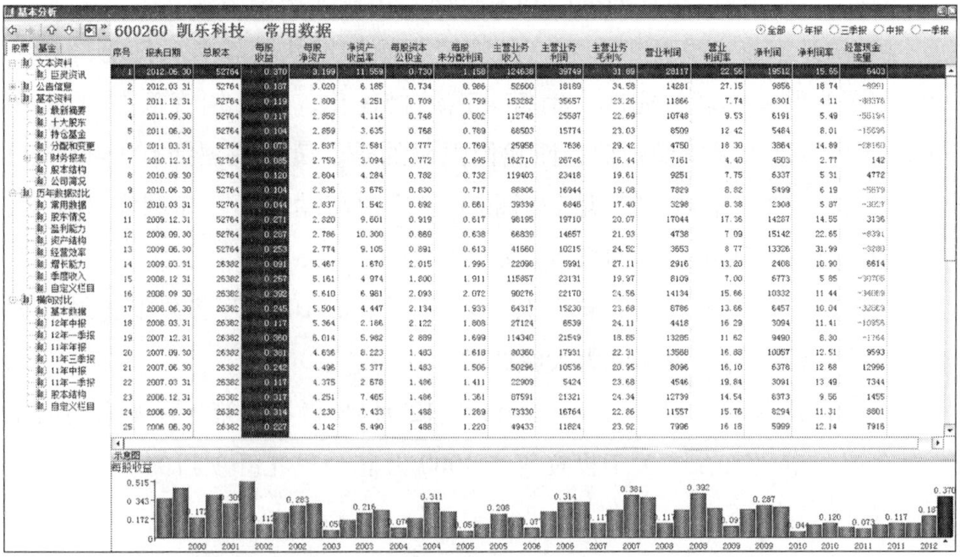

600260 凯乐科技 常用数据

序号	报表日期	总股本	每股收益	每股净资产	净资产收益率	每股资本公积金	每股未分配利润	主营业务收入	主营业务利润	主营业务毛利%	营业利润	营业利润率	净利润	净利润率	经营现金流量
1	2012.06.30	52764	0.370	3.199	11.559	0.730	1.158	124638	39749	31.89	28117	22.56	19512	15.65	6403
2	2012.03.31	52764	0.187	3.020	6.185	0.734	0.986	52600	18189	34.58	14281	27.15	9856	18.74	-8991
3	2011.12.31	52764	0.119	2.809	4.251	0.709	0.799	153282	35657	23.26	11866	7.74	6301	4.11	-83378
4	2011.09.30	52764	0.117	2.852	4.114	0.748	0.802	112746	25587	22.69	10748	9.53	6191	5.49	-55194
5	2011.06.30	52764	0.104	2.859	3.635	0.768	0.789	68503	15774	23.03	8509	12.42	5484	8.01	-15696
6	2011.03.31	52764	0.073	2.837	2.581	0.777	0.769	25958	7636	29.42	4750	18.30	3864	14.89	-28160
7	2010.12.31	52764	0.085	2.759	3.094	0.772	0.695	162710	26746	16.44	7161	4.40	4503	2.77	142
8	2010.09.30	52764	0.120	2.804	4.284	0.782	0.732	119403	23418	19.61	9251	7.75	6337	5.31	4772
9	2010.06.30	52764	0.104	2.836	3.675	0.830	0.717	88806	16944	19.08	7829	8.82	5499	6.19	-5679
10	2010.03.31	52764	0.044	2.837	1.542	0.892	0.661	39339	6846	17.40	3298	8.38	2308	5.87	-3037
11	2009.12.31	52764	0.271	2.820	9.601	0.919	0.617	98195	19710	20.07	17044	17.36	14287	14.55	3136
12	2009.09.30	52764	0.287	2.786	10.300	0.869	0.638	66839	14657	21.93	4738	7.09	15142	22.65	-8391
13	2009.06.30	52764	0.253	2.774	9.105	0.891	0.613	41660	10215	24.52	3653	8.77	13326	31.99	-3280
14	2009.03.31	26382	0.091	5.467	1.670	2.015	1.996	22098	5991	27.11	2916	13.20	2408	10.90	6614
15	2008.12.31	26382	0.257	5.161	4.974	1.800	1.911	115857	23131	19.97	8109	7.00	6773	5.85	-30705
16	2008.09.30	26382	0.392	5.610	6.961	2.093	2.072	90276	22170	24.56	14134	15.66	10332	11.44	-34089
17	2008.06.30	26382	0.245	5.504	4.447	2.134	1.933	64317	15230	23.68	8786	13.66	6457	10.04	-32603
18	2008.03.31	26382	0.117	5.364	2.186	2.122	1.808	27124	6539	24.11	4418	16.29	3094	11.41	-10958
19	2007.12.31	26382	0.360	6.014	5.982	2.889	1.699	114340	21549	18.85	13285	11.62	9490	8.30	-1764
20	2007.09.30	26382	0.381	4.636	8.223	1.483	1.618	80360	17931	22.31	13568	16.88	10057	12.51	9593
21	2007.06.30	26382	0.242	4.496	5.377	1.483	1.506	50296	10536	20.95	8096	16.10	6378	12.68	12996
22	2007.03.31	26382	0.117	4.375	2.678	1.486	1.411	22909	5424	23.68	4546	19.84	3091	13.49	7344
23	2006.12.31	26382	0.317	4.251	7.465	1.486	1.361	87591	21321	24.34	12739	14.54	8373	9.56	1455
24	2006.09.30	26382	0.314	4.230	7.433	1.488	1.269	73330	16764	22.86	11557	15.76	8294	11.31	8801
25	2006.06.30	26382	0.227	4.142	5.490	1.488	1.220	49433	11824	23.92	7996	16.18	5999	12.14	7916

图5-4

2010年凯乐科技的业绩迎来低潮期，2010年之后，凯乐科技的业绩开始了逐步复苏，2011年，凯乐科技的每股收益达到0.119元，较2010年增长40%。

从业绩标准来看，凯乐科技属于业绩快速增长型的C类股，但是从2011年来看，虽然凯乐科技业绩取得快速增长，但是，业绩基数并不理想。

下面我们继续来看看2012年初期凯乐科技的基本面情况，经研究，凯乐科技基本面有以下亮点：

（1）业绩大幅增长。

2012年1月初，凯乐科技发布了业绩增长报告，经公司财务部门初步测算，预计公司2011年度归属于上市公司所有者的净利润将比上年同期增长50%以上。据报告称，业绩增长主要系公司控股子公司湖北黄山头酒

业有限公司黄山头酒销量大幅增长所致。

（2）公司各项业务不断优化，为公司发展带来新的活力。

地产项目再度进入结算高峰期，由于长沙和武汉的项目中商业地产比重较大，且2011下半年通过与白酒的捆绑销售，提前锁定了半数销售收入，因此，预计地产结算周期的到来将使公司业绩快速增长。

从2011年前三季度情形看，白酒销售额如期快速增长，随着经销商团队和团购渠道梳理的完成，销售渠道结构优化，预计销售额在2012年和2013年将进入爆发增长期；而我们强调的是，黄山头酒拥有1800多口生态老窖，基酒全部自产，是公司敢于定位中高端白酒、净利润率较高，且有望再度获得市场认可的根本。

（3）光缆和光纤业务扩产，公司将分别形成1000万芯公里光缆和光纤的产能，使制造业盈利能力大幅改善。

凯乐科技（600260）公司于2011年12月28日召开第七届董事会第十一次会议，审议通过《关于投资年产1000万芯公里光纤项目的议案》。

议案内容如下：

1. 对外投资概述

（1）根据国家通信产业“十二五”规划，网络通信业将进入重要发展时期，未来3～5年光纤光缆市场需求将会呈现快速增长趋势，具有极大的市场前景。

面对未来高速增长的光纤光缆市场机会，公司光缆即将形成1000万芯公里光缆生产能力，现急需同等数量光纤配套，解决制约光电缆产业发展的“光纤瓶颈”，2011年12月28日经第七届董事会第十一次会议审议，通过决定投资30000万元建设年产1000万芯公里光纤项目议案。

（2）本次投资不构成关联交易。投资额度在董事会权限范围内，无须经股东大会批准。

2. 投资主体

本次投资主体为湖北凯乐科技股份有限公司（以下简称“凯乐科技”）

3. 投资的基本情况

本次投资由凯乐科技拟利用现有土地、厂房，以自有资金投入，项目建设周期为12个月，项目建成投产后，预计年销售收入7亿元，年利润10000万元，收益率14%。

4. 对公司的影响

该项目建成投产后将形成完整配套的产业链，提升公司在行业、电信运营商的市场地位，提高光电缆产业的盈利能力。

根据长江证券的预测，凯乐科技2012和2013年EPS分别为0.96元和1.19元。这相比于2011年只有0.119元的每股收益，增长数倍，而且，凯乐科技的业绩增长均是出自主营业务的逐步改善，可以看到，最近几年，凯乐科技的业绩正逐步进入高速发展的快车道。

在这样的基本面环境下，2012年4月，当凯乐科技股价再次步入上涨通道后，迎来了我们介入的时机，此后，凯乐科技股价最高上涨了54%。

我们再来看一个题材类的C类股投资案例。

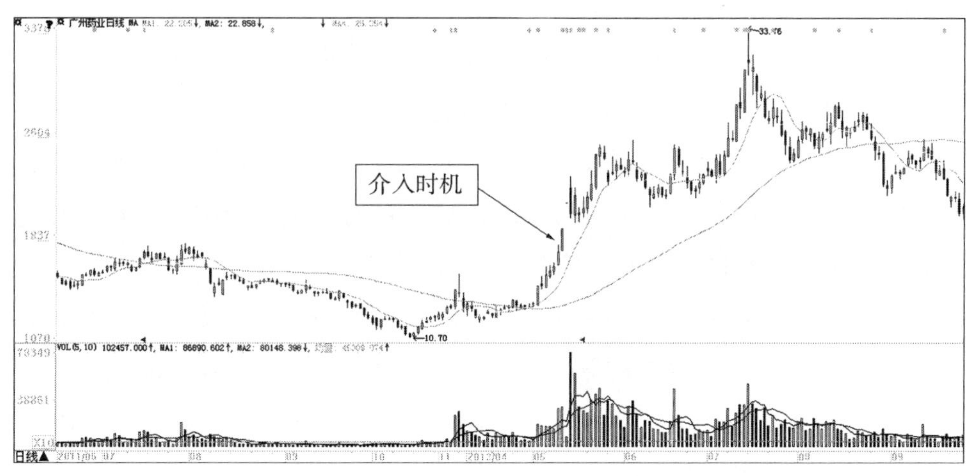

图5-5

广州药业（600332）是一家从事资产经营、投资、开发、资金融通，并从事中成药的开发、生产，生物制品、保健药品、保健饮料的生产，以及从事中药、西药及医疗器械的批发、零售和进出口等业务的公司。广州药业股份有限公司是经国家经济体制改革委员会以体改生〔1997〕139号文批准，由广州医药集团有限公司（以下简称“广药集团”）独家发起，

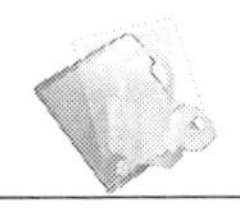

将其属下的8家中药制造企业及3家医药贸易企业重组后，以其与生产经营性资产有关的国有资产权益投入，以发起方式设立的股份有限公司。本公司于1997年9月1日领取企业法人营业执照。2001年2月，公司股票登录上海交易所，发行7800万股，募集资金7.644亿元。

图5－5所示的是广州药业自2011年6月至2012年9月这段时间的日K线图。2012年1月初，大盘进入阶段反弹行情，在此段时间，广州药业股价表现一般，仍没有脱离原先的下跌通道。自2012年5月后，广州药业股价快速进入上涨通道，经过对公司业绩的分析，我们发现最近几年广州药业业绩表现平稳，并未出现业绩快速增长的情况，于是，我们又对广州药业的基本面进行了研究，终于发现了催化广州药业上涨的因素。

2011年11月10日，广药集团以王老吉品牌拥有者的名义召开新闻发布会，宣称“广药王老吉”品牌估值达1080.15亿元，成为中国第一品牌。同时，还宣布将依托王老吉药业建立“王老吉大健康产业联盟”，并全球招聘执行总裁与合作伙伴。

这一消息引起了加多宝的强烈反弹，此后，王老吉“红绿之争”喧嚣一时。2012年1月，广药旗下白云山和记黄埔中药有限公司悄然推出第一款“大健康产品”白云山神农酒。3月3日，广药又宣布旗下广州王老吉药业将成为白云山和记黄埔“白云山凉茶”系列产品的全国总代理商，将整合绿盒王老吉和白云山两大凉茶品牌销售渠道。

这次发布会上，广药高层透露，让白云山凉茶“搭顺风车”的举动，只是集团“一体化”运作的第一步。未来还将整合旗下众多凉茶、润喉糖、药酒、药妆等大健康产品，而其平台就是“王老吉大健康产业联盟”。

广药此举再次引发争端。3月21日，香港王老吉传人、香港同兴药业董事长、王老吉药业董事长王健仪突然对外发声，首度明确表态称，作为王老吉合资企业及大股东同兴药业的董事长，“在任何情况下都不同意实施这个代理销售的行为”。

双方的商标争夺战愈演愈烈。

2012年5月9日，中国国际经济贸易仲裁委员会做出裁决，内容为广药集团与鸿道集团签订的《“王老吉”商标许可补充协议》和《关于“王老吉”商标使用许可合同的补充协议》无效，鸿道集团停止使用“王老吉”商标。

至此，商标权之争以广药获胜告终。

在承载了1000亿元的商标“王老吉”的回归下，虽然对公司短期业绩没有实质的影响，但是广州药业的股价还是做出了回应，至2012年5月初至7月这段时间，广州药业股价累计上涨139%。对于广州药业这只C类题材股，投资者应该在2012年5月初王老吉品牌归属广药后迅速买入，在其股价大幅上涨后便可以卖出。

对于题材股，在其所说的题材没有兑现之前，笔者建议仍然要以短线操作为主，一旦其题材落实，带来了实际的业绩增长，此时我们再改变投资策略不迟。

第六章

D 类股的投资

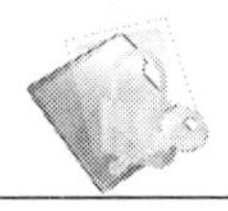

在本书第三章、第四章和第五章我们分别介绍了A类股、B类股和C类股的具体细分和投资思路，在本章，我们继续来看一种比较特殊的投资品种——D类股的投资情况。之所以说其特殊，是因为其每股收益为负值，公司处于亏损状态或者是ST类的股票。

第一节　D类股的分类标准及细分

我们先来看看D类股的分类标准。

D类股的分类标准

D类股是指那些在当年度每股收益在0元以下的股票。

与A类、B类、C类股票相比，D类股最大的不同就是其每股收益为负数，业绩处于亏损的状态，这是他们的最大的区别。当然业绩亏损的原因多种多样，在后面的细分中我们会继续介绍。

D类股的细分

D类股从选股标准来看，指那些在当年年度每股收益在0元以下的股票。虽然都是业绩亏损，但是亏损的形式会各有不同，因此，笔者将其进行分类。

（1）根据业绩的变化情况，我们可以将D类股分为业绩可能反转型、业绩恶化型和业绩因为偶然因素下滑型这几种。

我们来看看按照业绩的具体的分类情况。

业绩可能反转型的D类股就是指当前业绩虽然亏损，但是基本面正在逐步改善，可能公司业绩在下个季度或者不久的将来就有可能转正的公司。这样的公司对于投资者来说可以持续关注其业绩转化情况。

业绩恶化型的D类股主要是指那些当期亏损，并且仍在持续恶化中的股票，此类股票，对于投资者来说要敬而远之，除非有特别明确的依据，其基本面可能会发生重大改变。

业绩因为偶然因素下滑型的D类股是D类股中具有投资机遇的股票，

但是对于这样的股票，其业绩在没有变为亏损之前，股票的收益要非常不错，这样业绩回归正常之后，反差才够大，对股价的刺激也更大。

（2）根据流通盘的大小不同，我们可以将D类股分为大盘D类股、中盘股D盘股和小盘D类股，笔者把0～5亿流通股本规模的股票称之为小盘股，把5亿～30亿流通股本规模的股票称之为中盘股，而把流通股本规模在30亿以上的股票称之为大盘股。

（3）根据股票的当前的技术面情况，我们可以将D类股分为上涨趋势D类股，震荡趋势D类股和下跌趋势D类股。由于股票的趋势变化莫测，因此，我们要根据情况实时对分类做出调整。

第二节　D类领涨股分析

D类股与A类、B类、C类股的业绩有着重大差别，相信大家都非常想知道这样类型的股票领涨股情况到底是什么样的。

接下来我们取2012年1月4日至8月29日这一阶段的情况来分析D类领涨股的情况。在这段时期，上证指数从大趋势来说已经进入下跌趋势中；从小趋势来说，上证指数在2012年初至3月，走出了一波反弹行情，随后进入了震荡，从2012年5月初开始，上证指数再次进入快速下跌行情中，至2012年8月29日，已连续下跌16%。

2012年1月4日至8月29日这段时间，上证指数运行了160个交易日，累计下跌6.65%，下面我们就来看看这一阶段D类股票前50名领涨股票的具体统计情况。

表 6－1

序号	代码	名称	阶段涨幅（%）	阶段平均价（元）	2012年预计每股收益（元）	流通股本（亿）	流通市值（亿）	2012年年度预测每股收益增长率（%）	3年平均增长率（%）	行业
1	600401	海润光伏	128.79	8.30	－0.27	2.6	15.3	－151.4	476.2	金属材料
2	600389	江山股份	117.53	9.28	－0.11	2.0	28.3	－528.2	－250.4	石油化工
3	600228	昌九生化	93.66	11.69	－0.50	2.4	30.9	－940.0	－328.2	石油化工
4	000863	三湘股份	90.29	8.04	－0.08	1.4	8.5	－119.0	385.3	房地产
5	000014	沙河股份	83.61	7.18	－0.05	2.0	16.6	－118.6	－49.9	房地产
6	000691	亚太实业	73.30	5.40	－0.04	2.9	18.5	－447.3	－150.8	房地产
7	000908	ST 天一	67.53	7.41	－0.15	2.8	21.8	－25.3	－753.8	机械仪表
8	600478	科力远	66.77	23.33	－0.12	3.1	81.5	－340.0	－101.2	电子
9	000008	ST 宝利来	64.99	9.47	0.00	0.7	8.2	－78.1	－19.0	社会服务
10	600691	＊ST 东碳	62.78	13.39	－0.20	0.8	13.7	－55.9	－704.2	金属材料
11	002018	华星化工	59.33	5.72	－0.04	2.7	19.3	－500.0	－950.8	石油化工
12	600745	中茵股份	58.83	9.23	－0.16	3.3	31.2	－129.6	－11.6	房地产
13	600882	＊ST 大成	46.08	9.57	－0.84	2.1	21.5	－52.8	－1004.5	采掘业
14	600713	南京医药	45.50	4.75	－0.13	5.5	31.0	－49.8	－390.3	商业贸易
15	000519	江南红箭	45.06	10.53	－0.06	1.9	19.6	3.6	2.4	机械仪表
16	000922	ST 阿继	42.92	8.49	－0.36	1.7	16.0	125.0	－560.1	机械仪表
17	600679	金山开发	42.62	8.20	－0.05	3.5	15.7	－527.8	－154.1	机械仪表
18	600885	ST 力阳	41.98	9.96	－0.52	1.5	15.9	－41.6	－1070.7	石油化工
19	600419	新疆天宏	41.60	9.09	－0.56	0.8	9.1	－1220.0	－471.6	造纸印刷
20	000791	西北化工	39.76	7.19	－0.10	1.9	13.4	161.3	－23.5	石油化工
21	600392	＊ST 天成	37.70	12.67	－2.72	1.6	21.9	138.6	－419.3	信息技术
22	000663	永安林业	36.40	6.65	－0.13	1.7	12.1	－43.1	－306.0	木材家具
23	000669	＊ST 领先	36.10	22.97	－0.05	0.8	19.9	314.3	0.0	机械仪表
24	600515	ST 海建	35.25	4.87	－0.02	2.5	13.5	－94.8	－165.5	商业贸易
25	002310	东方园林	34.13	50.49	－0.80	1.0	55.4	－126.8	－25.8	建筑业
26	300164	通源石油	34.13	15.07	－0.36	0.8	13.6	－136.4	－49.8	采掘业

续表

序号	代码	名称	阶段涨幅（%）	阶段平均价（元）	2012年预计每股收益（元）	流通股本（亿）	流通市值（亿）	2012年年度预测每股收益增长率（%）	3年平均增长率（%）	行业
27	000803	金宇车城	31.61	7.23	-0.13	0.9	7.1	-600.4	-506.2	纺织服装
28	600596	新安股份	30.75	7.14	-0.21	6.8	57.2	-906.3	-357.1	石油化工
29	600860	北人股份	30.37	4.74	-0.07	4.2	17.0	-340.0	-164.1	造纸印刷
30	000567	海德股份	30.30	5.95	-0.02	1.3	8.7	-281.8	-95.4	房地产
31	002312	三泰电子	30.12	11.94	-0.28	1.0	12.0	-193.3	-94.4	信息技术
32	000043	中航地产	27.87	4.81	-0.08	6.7	25.4	-105.0	83.8	房地产
33	600179	黑化股份	27.66	5.01	-0.60	2.0	10.5	-37.5	-881.4	煤炭石油
34	600732	上海新梅	27.23	6.36	-0.05	2.5	14.8	-150.0	-7.3	房地产
35	000050	深天马A	27.01	6.97	-0.05	5.7	45.4	-129.5	-73.4	电子
36	000931	中关村	26.92	6.14	-0.07	5.1	31.8	-206.3	4.6	房地产
37	600421	*ST国药	26.83	4.59	-0.03	2.0	9.2	-70.0	-57.9	生物医药
38	000010	S ST华新	26.32	13.31	-0.04	0.7	12.8	-233.3	-251.1	机械仪表
39	002174	梅花伞	26.22	14.09	-0.14	0.8	11.8	-691.3	-255.5	其他制造
40	000608	阳光股份	26.11	4.76	-0.05	7.5	36.2	-120.9	-55.1	房地产
41	600275	武昌鱼	25.38	6.35	-0.03	5.1	31.4	-48.4	-135.1	房地产
42	600850	华东电脑	25.27	26.47	-0.17	1.7	44.1	-253.1	-28.5	信息技术
43	600608	ST沪科	25.19	4.87	-0.12	2.9	14.1	-340.0	-155.4	金属材料
44	000018	ST中冠A	23.75	5.95	0.00	1.7	5.7	-100.0	-257.1	纺织服装
45	600462	*ST石岘	22.84	4.67	-0.16	4.1	19.9	-91.1	-3526.5	造纸印刷
46	000902	中国服装	22.73	7.70	-0.13	2.6	18.8	-1380.0	-531.7	纺织服装
47	600203	福日电子	22.20	5.33	-0.14	2.4	14.2	-141.3	-135.6	电子信息
48	600234	ST天龙	21.25	4.41	-0.12	2.0	9.0	-135.3	-399.4	商业贸易
49	000815	*ST美利	20.98	5.67	-0.24	3.2	18.7	-60.0	-279.3	造纸印刷
50	000037	深南电A	20.39	4.24	-0.44	6.0	14.2	-1566.7	-646.9	供水供电
平均值			43.04	9.55	-0.24	2.7	21.2	-263.3	-318.1	

透过表6-1我们可以看到，在这一阶段D类领涨股前50名的股票的

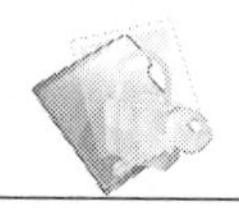

平均涨幅为43.04%，阶段平均股价为9.55元，2012年预测年度每股收益平均值为-0.24，流通股本和流通市值平均值分别为2.7亿股和21.2亿元，D类领涨股的2012年预测每股收益增长率平均值和三年平均增长率平均值分别为-263.3%和-318.1%。

我们来看一下表6-1所示的这些数据所隐含的内在意义，从平均涨幅来看，D类股的领涨股平均涨幅低于B类股和C类股的领涨股的平均涨幅；从每股收益来看，这些领涨股的平均每股收益为-0.24元，业绩为实实在在的亏损情况；从流通市值来看，这些领涨股仍然都是属于比较典型的小盘股的类型，平均流通股本为2.7亿股，平均流通市值也仅仅只有21.2亿元。

从领涨股细分类看，D类领涨股中有众多重组成功的股票，也有一些基本面逐步改善的股票，当然也有一些因为偶然因素业绩下跌的股票。

有关业绩对投资收益的影响，笔者会在本章后段详细讲述，在此先谈到这，我们接着来看领涨股的行业分布情况。

根据2012年1月4日至8月29日这一阶段领涨D类股的行业分布，可以看到，房地产、机械仪表、电子石油这些板块占据了领涨行业的较大比例。

从行业分布来看，D类领涨股行业中，具有防御性类型行业股票并不显眼，可见D类股的投资风格和思路明显已经与A类、B类、C类股票有一定差异。

第三节　做好D类股的投资

本章前两节分别介绍了D类股的细分和在2012年初至8月这段时间领涨股的情况，接下来，笔者就来和大家分享究竟如何才能做好D类股的投资，在这之前，我们先来看一下影响D类股投资收益的因素。

一、影响 D 类股投资收益的因素

之前说到，从领涨股的情况和行业分布情况我们已经判断 D 类股可能与 A 类、B 类、C 类股的投资思路会有较大的不同，我们先来看看业绩情况对于 D 类股的影响。

1. 业绩情况

对于 D 类股来说，业绩的变化情况对其股价的波动是否有着重大关系？

下面我们就来看看 D 类股的 2012 年度预测每股收益增长率排名情况，从中寻找答案，由于 D 类股股票数量众多，因此笔者在此只列出 C 类股 2012 年年度预测每股收益增长率大于 40% 以上的股票。

表 6－2

排名	股票代码	股票简称	2010 年每股收益增长率(%)	2011 年每股收益增长率(%)	2012 年年度预测每股收益增长率(%)	3 年平均增长率(%)	2012 年预计每股收益(元)	2012 年 1 月 4 日至 8 月 29 日阶段涨幅(%)
1	600405	动力源	27.89	－107.82	2194.74	704.94	－0.436	－24.42
2	300073	当升科技	－29.85	－100.98	1543.48	470.88	－0.076	－16.13
3	600730	中国高科	－6.25	－126.67	620.00	162.36	－0.144	11.01
4	600493	凤竹纺织	400.36	－111.21	514.59	267.91	－0.379	－25.92
5	601268	二重重装	－35.24	－149.35	329.43	48.28	－0.356	－30.88
6	000669	*ST 领先	0.00	－97.22	314.29	0.00	－0.046	36.10
7	002039	黔源电力	93.63	－189.13	296.62	67.04	－1.643	13.08
8	600319	亚星化学	－105.71	－1000.00	255.56	－283.39	－0.640	－6.59
9	000898	鞍钢股份	182.00	－205.32	251.52	76.07	－1.044	－21.32
10	002259	升达林业	71.43	－120.83	220.00	56.87	－0.080	3.29
11	002149	西部材料	27.78	－156.52	207.69	26.32	－0.400	－5.38

续表

排名	股票代码	股票简称	2010年每股收益增长率(%)	2011年每股收益增长率(%)	2012年年度预测每股收益增长率(%)	3年平均增长率(%)	2012年预计每股收益(元)	2012年1月4日至8月29日阶段涨幅(%)
12	002211	宏达新材	133.33	-111.43	200.00	73.97	-0.120	-23.61
13	000791	西北化工	-33.33	-198.51	161.31	-23.51	-0.104	39.76
14	600392	*ST天成	-1500.00	103.57	138.60	-419.28	-2.720	37.70
15	600768	宁波富邦	875.00	-123.72	137.84	296.37	-0.088	-21.28
16	000922	ST阿继	-105.26	-1700.00	125.00	-560.09	-0.360	42.92
17	000155	*ST川化	-350.00	-2.22	118.18	-78.01	-0.960	-18.41
18	601866	中海集运	-164.25	-165.26	111.93	-72.53	-0.498	-10.29
19	000510	金路集团	1236.00	-242.37	106.52	366.72	-0.393	1.79
20	000505	ST珠江	-68.42	-300.00	100.00	-89.47	-0.240	-8.47
21	600744	华银电力	-62.01	-1037.50	97.63	-333.96	-0.534	-22.56
22	002265	西仪股份	-33.33	-225.00	60.00	-66.11	-0.080	-0.52
23	000627	天茂集团	-71.62	-457.14	54.67	-158.03	-0.116	2.81
24	000606	青海明胶	-103.20	-2778.57	47.20	-944.86	-0.055	-3.97
25	600894	*ST广钢	-361.22	606.25	42.04	95.69	-1.284	16.67
26	600087	*ST长油	-346.15	3443.75	41.98	1046.52	-0.322	-35.38
平均值			-12.63	-213.58	318.88	28.10	-0.505	-2.69

表6-2是以2012年年度预测每股收益增长率为排名的业绩情况表，并且附带了2012年1月4日至8月29日这一阶段涨幅情况。从表6-2中我们可以看到，D类股中2012年度预测每股收益增长率大于40%的D类股在这段区间平均上涨跌幅度为-2.69%，这与A类、B类、C类股有明显差别。虽然在这一阶段业绩增长率领先的D类股票总体涨幅为负数，但是此阶段大盘下跌6.55%，此平均涨幅与大盘相比，仍然是跑赢大盘指数的，这可能就是业绩所左右结果。我们可以这样说，由于D类股业绩太差，只要基本面没有彻底反转，其业绩增长对于股价的推动作用有限，但是其股价涨跌与业绩同样有着不可脱离的关系。

我们可以这样说，D类股的领涨并不一定与业绩挂钩，但是业绩的增长与其股价的涨跌却有千丝万缕的联系。

2. 其他基本面因素

对于D类股来说，并购重组是股价上涨的重要催化剂，有时候，即使是可能的并购传闻，都可能对股价造成重要影响。因此，对于喜欢投资D类股的投资者来说，一定要经常浏览相关的报纸、网站、搜罗和分析各种消息，不可放过任何一点有用的蛛丝马迹。

但是，对于D类股的投资，笔者还是建议投资者抱着平常心，不要以赌博的心态参与。记住，我们的目标是寻找那些可以不断复制并且能够长期获利的投资机会，这样的机会，有了可以接纳，如果没有，我们也没有任何遗憾。

3. 技术面因素

从技术面来说，如果股票处于上涨趋势，上方套牢盘较小，这样更有利于股票的上涨。对于D类股来说，通过技术面分析验证非常重要，利用技术面辅助我们的基本面分析，可以使我们推论出一些非常有意义的结论。

二、做好D类股投资

由于D类股领涨股的业绩极差，我们对于D类股的投资也要小心谨慎，我们可以从以下思路对D类股进行分析投资，我们首先选那些之前业绩非常不错，因为偶然因素导致业绩变为亏损的这一类型的股票进行待投资对象；其次就是那些业绩反转类型的股票，公司通过资本运作或者重组等手段，使得公司基本面逐步转好，重新步入正轨，对这样的股票我们一般要进行长期的基本面分析与跟踪，在确认基本面反转后才可以择机操作。

下面我们就来看一些案例。

我们先来看一个因偶然因素导致公司沦为D类股的投资案例。

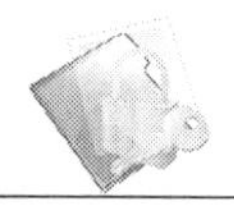

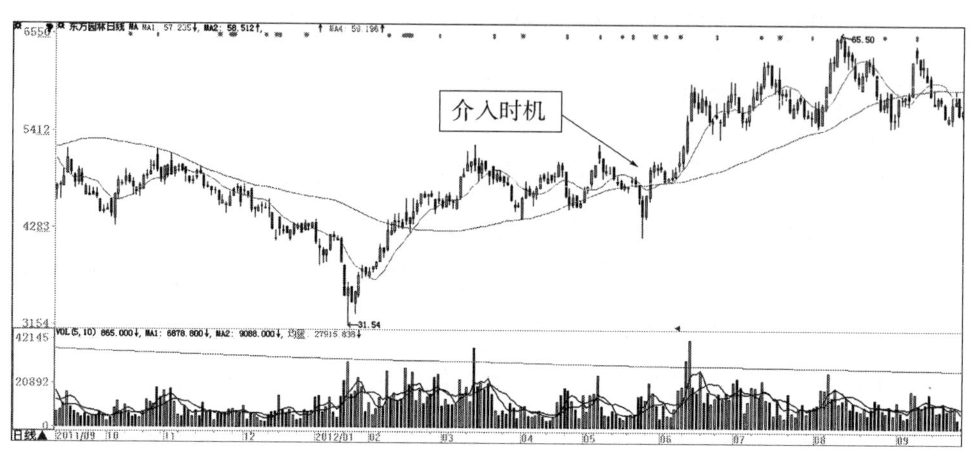

图 6 - 1

东方园林（002310）是一家从事园林绿化工程的设计与施工的公司，公司是由有限责任公司整体变更而设立的股份有限公司。2001 年 8 月 21 日，经北京市人民政府经济体制改革办公室《关于同意北京东方园林有限公司变更为北京东方园林股份有限公司的通知》（京政体改股函〔2001〕48 号）批准，北京东方园林有限公司以 2001 年 6 月 30 日经审计的净资产 3366.13 万元，按 1：1 的比例进行折股，整体变更设立北京东方园林股份有限公司。变更后，北京东方园林股份有限公司的股份总数为3366.13万股，每股面值 1 元，股本总额为 3366.13 万元。2009 年 11 月，公司股票登录深圳交易所，发行 1450 万股，募集资金 8.497 亿元。

图 6 - 1 所示的是东方园林自 2011 年 9 月至 2012 年 9 月这段时间的日 K 线图。根据 2012 年一季度每股收益的筛选，东方园林属于 D 类股的标准。自 2012 年 1 月，大盘反弹以来，东方园林股价逐步上涨，直到 2012 年 3 月中旬之后，其股价才步入盘整格局，对于这只过往业绩一直不错的股票，突然沦为 D 类股，我们可否对其进行投资呢?

下面我们就来仔细了解一下东方园林的基本面情况。

2012 年 3 月底，东方园林公布了 2012 年一季度业绩预告，内容如下：

1. 本期业绩预计情况

（1）业绩预告期间：2012 年 1 月 1 日至 3 月 31 日。

（2）预计的业绩：亏损

本报告期归属于上市公司股东的净利润比上年同期下降：-230%～-260%，亏损2835.86万元至3093.66万元；上年同期亏损：-859.35万元。

2. 业绩预告预审计情况

本次业绩预告未经过注册会计师审计。

3. 业绩变动原因说明

报告期公司业绩出现亏损的主要原因有以下几个方面：

（1）公司园林工程业务目前主要分布在北方区域，受春节及气候等季节性因素的影响，报告期内基本处于施工准备阶段，可施工天数很少，导致园林工程业务收入金额很小。

（2）报告期内公司银行贷款余额比去年同期有较大幅度增长，导致财务费用同比增幅较大。

（3）报告期内，公司增加了人员储备，导致管理费用增长幅度高于营业收入增长幅度。

4. 其他相关说明

本次业绩预告是公司财务部门初步测算的结果，具体财务数据以公司披露的2012年第一季度报告为准。敬请广大投资者注意投资风险。

从上面的业绩预告报告我们可以看出，公司一季度业绩为亏损并不是主营业务下降的结果，而是受天气等不可预知的情况所影响，那么在这样的预期下，我们判断2012年二季度公司业绩可能就会转为正常轨道。

2012年4月23日，东方园林公布了一季度的季报，同时对上半年业绩做出了预告：

东方园林2012年1～3月每股收益-0.20元，每股净资产12.37元，净资产收益率-1.64%，营业收入2.52亿元，同比增加56.21%，净利润-3042.59万元。

预计2012年1～6月归属于上市公司股东的净利润比上年同期增长幅度为：20%～50%，上年同期净利润17089万元；业绩变动的原因：根据公司城市战略部署及进展，已签约未施工工程量同比增长。

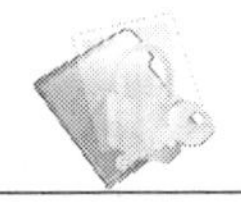

通过这份预告，我们可以判断，公司业绩将在2012年6月逐步转好，而2012年一季度业绩亏损仅仅是摆了一道乌龙。

为了对东方园林的基本面有一个更加清晰的认识，我们来看看2012年4月天相投资分析师车玺对于东方园林的研究报告，以下是简要内容：

2011年，公司实现营业收入29.1亿元，同比增长100.21%；营业利润5.8亿元，同比增长74.79%；归属母公司所有者净利润4.5亿元，同比增长74.31%；基本每股收益2.9900元，拟10增10。

2012年一季度，公司实现营业收入2.52亿元，同比增长56.21%；营业利润亏损2585.91万元，与上年同期相比亏损增加2104.3万元；归属母公司所有者净利润亏损3042.59万元，与上年同期相比亏损增加2183.24万元；基本每股收益－0.2000元。

公司是国内同时具有城市园林绿化一级企业资质和甲级工程设计资质（“双甲”资质）的10家企业之一，目前主要从事园林环境景观设计和园林绿化工程施工，主要为各类重点市政公共园林工程、高端休闲度假园林工程、大型生态湿地工程及地产景观等项目提供园林环境景观设计和园林工程施工服务，其范围包括：研究、开发、种植、销售园林植物；园林环境景观的设计；园林绿化工程和园林维护。

市政园林项目带动收入利润同增。报告期内，公司收入占比达到80.62%的市政园林项目，因为原材料价格波动不大，且公司项目管理水平和及规模效应的显现，在收入同比增长123.97%的情况下，毛利率同比提高2.51个百分点，是带动公司综合毛利率在收入大幅提升的同时，同比上涨3.40个百分点的主要原因。报告期内，公司业务已经在全国30多个城市开展，完成框架协议签约金额50.22亿元，施工合同签约金额27.22亿元，签署设计合同2.54亿元。

应收预付增长较快。报告期内，随着公司营业收入规模的扩大，应收账款占总资产比例达到31.92%，同比提高6.57个百分点。为尽量规避回款风险，公司采取了以指定具体的地块来作为该项工程的资金保障的模式，如果业主不能按期支付工程款，则启动保障条款，以保障地块的出让收入作为工程款的支付来源。然而，考虑到国家地产调控造成的土地出让市场相对降温，公司指定地块的实际保障能力仍有待确认。此外，由于公司大规模新建绿化苗木基地，预付的苗圃土地租金增加以及预付供应商货款增加，预付账款同比增长了504.71%。费用方面，管理费用较上年同期增加230.49%，主要原因是人工费用及日常费用的增加，以及股权激励增加了期权费用9646.92万元。

园林行业仍处在发展期。住建部发布的《城市绿化规划建设指标的规定》对各类绿地的建设提出了明确的指标，其中明确要求新建居住区绿地占居住区总用地比率不低于30%；国家发改委颁布的《产业结构调整指导目录（2005年）》将城镇园林绿化及生态小区建设列为鼓励发展的产业。城市化为园林行业的高速成长提供了庞大的市场容量，各地城市加紧创建“生态城市”“山水城市”“森林城市”“宜居城市”，以此作为城市发展目标之一，为园林行业的加速发展提供了历史性机遇。据估计，我国市政园林和地产景观园林细分市场规模都在1000亿元以上。目前，园林行业集中度较低，全国城市园林绿化企业前50强占行业整体规模比重仅为12%左右，园林绿化行业具备高速发展的政策性支持，行业内龙头企业的市场份额有望持续扩展。

盈利预测与估值。我们预计公司2012—2014年的每股收益分别为4.16元、5.68元、7.86元，按目前股价测算，对应动态市盈率分别为24倍、18倍、13倍。维持“增持”评级。

风险提示：气候影响苗木生长带来的成本上涨风险；市场竞争加剧风险；新签合同不足风险。

通过上面的这份报告，我们知道，即使在东方园林2012年一季度业绩亏损的情况下，分析师依然对于公司2012年甚至以后几年的业绩充满信心，我们基本可以断言，东方园林沦为D类股纯属偶然，因此，对于这样的股票，我们应该择机买入，享受其估值修复。

在确定其基本面无碍的情况下，2012年5月末，东方园林在经历了持续的调整后股价逐步走强，我们迎来了介入的时机，至2012年9月，东方园林累计上涨了29%。

可见，对于因偶然因素而导致沦为D类股的股票的公司，具有估值修

复的预期，介入这样的股票，可以让我们有比较大的获利胜算。

我们再来看几个基本面反转的投资案例。

我们来看案例一。

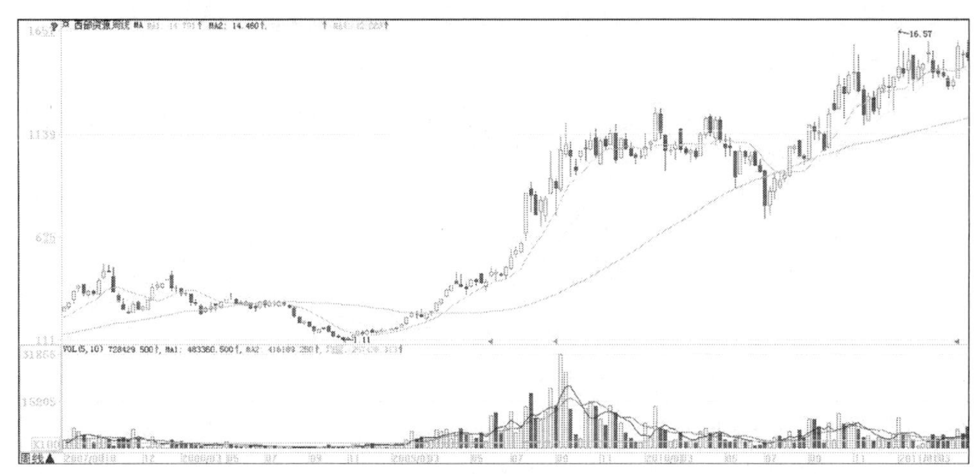

图 6 - 2

西部资源（600139）是一家主营铜矿石、铜精矿采选、销售、金属材料、金属制品、机械电子、矿山采掘配件制造销售的公司。该股的前身是ST绵高（绵阳高新），原为东方电工机械股份有限公司，1998年2月25日在上证所挂牌，历经多次资产重组。

图6-2所示的是西部资源自2007年8月至2011年3月这段时间的周K线图。从图中可以看到，在经历2008年的大熊市后，西部资源股价逐步上涨，自2008年年底至2011年年初，该股在大盘处于震荡市场格局累计上涨1264%。在两年多的时间，股价上涨12倍以上，不可谓不惊人，更加令人意想不到的是，这样的一家公司，是一只不折不扣，濒临退市的D类股。

下面我们就来看看这只股票的情况。

2009年6月初之前，西部资源仍然名为ST绵高。

2008年4月28日，公司公布的一季度报告称，2008年1～3月公司每股收益-0.0275元，每股净资产-1.16元，实现净利润-225.19万元，营业总收入797.17万元。作为一家*ST公司，业绩再次亏损，公司面临着退市的风险，当然，此时的＊ST绵高是一家不折不扣的D类绩差股。

然而，公司正在酝酿着重大的改变。

2008年6月13日，公司公告进行了重大资本运作，以16.68元/股向四川恒康发行不超过39088729股收购阳坝铜业股，以下是公告内容：

ST绵高（600139）董事会通过《关于公司重大资产出售、发行股份购买资产符合相关法律、法规规定的议案》《关于公司重大资产出售、发行股份购买资产方案的议案》：本次发行的股票为境内上市的人民币普通股（A股），每股面值人民币1元。本次发行对象为四川恒康发展有限责任公司。本次发行全部采取向四川恒康定向发行的方式。公司向四川恒康发行不超过39088729股股票，收购四川恒康持有的甘肃阳坝铜业有限责任公司100%股权。本次交易以经交易双方确认的信永中和会计师事务所出具的XYZH/2007CDM1040－1号《审计报告》和中和资产评估有限公司出具的中和评报字〔2008〕第V1005号评估报告中的阳坝铜业100%股权在基准日2008年1月31日的评估值65200万元作为标的资产的定价。

本次发行价格为本公司第六届董事会第一次会议决议公告前20个交易日股票交易均价，即公司2008年1月10日停牌前20个交易日公司A股股票交易均价16.68元/股。除因除权除息事项需进行相应调整外，此价格为本次发行的最终价格。本次发行前如有派息、送股、资本公积金转增股本等除权除息事项，则对本价格做相应除权除息处理，发行数量也将根据发行价格的情况进行相应处理。本次向四川恒康发行的新股数量为不超过39088729股。

本次向四川恒康发行的股票自本次发行结束之日起36个月不上市交易或转让，之后按中国证监会和上海证券交易所的有关规定执行。本次向四川恒康发行的股票在上海证券交易所上市交易。本次向四川恒康发行股票购买资产决议的有效期为具体发行方案提交股东大会审议通过之日起一年。

购买资产业绩承诺：四川恒康承诺阳坝铜业2008—2010年三年的税后净利润分别不低于7124万元、8876万元、8893万元，如实际净利润低于上述承诺业绩的部分，四川恒康负责用现金补足公司。

根据信永中和会计师事务所出具的XYZH/2007CDM1056－2号《审计报告》和中元国际资产评估有限责任公司出具的中元评报字〔2008〕第2033号评估报告结果，本公司拟向四川恒康出售61627520.73元资产，四川恒康以承接本公司103607995.61元负债的形式受让上述资产。对于四川恒康所承接的债务数额超出受让资产的差额部分41980474.88元，形成本公司对四川恒康的债务，四川恒康全额豁免本公司。

本次重大资产出售、发行股份购买资产方案需提交股东大会审议通过，并经中国证监会核准后方可实施。

通过关于《绵阳高新发展（集团）股份有限公司重大资产出售、发行股份购买资产暨关联交易报告书》的议案。《关于公司本次重大资产出售、发行股份购买资产涉及重大关联交易的议案》、关于《绵阳高新发展（集团）股份有限公司资产出售及发行股份购买资产协议书》的议案。

通过关于《实际业绩不足承诺业绩之补偿协议》的议案、《关于提请股东大会授权董事会全权办理重大资产出售、发行股份购买资产相关事项的议案》。

通过《关于提请股东大会非关联股东批准四川恒康发展有限责任公司免于以要约收购方式增持公司股份的议案》。

本次发行完成后，四川恒康将持有本公司6108.87万股，占公司总股本的50.5%，将触发要约收购义务。根据中国证监会《上市公司收购管理办法》的有关规定，四川恒康符合向中国证监会提出免于以要约收购方式增持公司股份的条件，公司董事会提请股东大会审议批准四川恒康免于以要约收购方式增持股份的议案。四川恒康也将向中国证监会申请免于以要约收购方式增持公司股份，待取得中国证监会豁免四川恒康的要约收购后，公司本次重大资产出售、发行股份购买资产方可实施。

2009年4月21日，公司公告称发行股份购买资产实施完毕，以下是当日的公告内容：

ST绵高根据公司本次重大资产出售、发行股份购买资产暨关联交易方案和相关协议约定，由四川恒康发展有限责任公司负责承接的本公司部分债务，现因债权人已将债权依法实施了拍卖，买受人已于2009年4月17

日与四川恒康及本公司签订了《债务转移协议》，买受人同意由四川恒康代替公司承担该笔债务。截至本公告之日，上述债务转移的全部法律手续已办理完毕，至此，公司本次重大资产出售、发行股份购买资产已全部实施完毕，公司出具了《重大资产出售、发行股份购买资产交易行为实施情况报告书》，独立财务顾问和法律顾问也出具了相应的核查意见。

2008年6月13日，公司与四川恒康签订了《绵阳高新发展（集团）股份有限公司资产出售及发行股份购买资产协议书》。根据该协议书，本次交易由两部分组成：

（1）四川恒康以承接本公司10360.80万元债务的形式受让本公司6162.75万元出售的资产，对于承接债务大于受让资产的差额4198.05万元，四川恒康对本公司予以全额豁免。

（2）本公司向大股东四川恒康发行39088729股A股股票购买其所持阳坝铜业100%股权。

本次交易由具有证券从业资格的评估机构进行评估，评估基准日为2008年1月31日。

1. 重大资产出售。

（1）本公司出售的资产。

公司本次出售的资产总额为6162.75万元，其中应收资产经营公司账款2776.06万元，资产经营公司股权3386.69万元。

（2）四川恒康承接的债务。

四川恒康本次以承接公司10360.80万元债务的形式受让公司6162.75万元出售的资产。四川恒康承接的债务包括：短期借款180万元，其他应付款736.79万元，预计负债9444.01万元。

2. 发行股份购买资产。

（1）发行方式、类型、数量和价格。

发行方式：非公开发行

发行类型：境内上市人民币普通股（A股）

发行数量：39088729股

发行价格：16.68元/股

（2）发行对象及认购方式。

本次非公开发行的发行对象为四川恒康。

四川恒康以阳坝铜业100%股权作价65200万元认购公司向其发行的39088729股A股股票。

（3）锁定期安排。

本次发行完成后，四川恒康认购的股份自发行结束之日起36个月内不得上市交易或对外转让。

本次重大资产出售、发行股份购买资产的全部相关手续办理完毕。

在完成了重大资产重组事宜之后，公司的业绩也在逐步改善，2009年6月1日，经公司申请，并经上海证券交易所批准，公司股票自2009年6月4日起由“绵阳高新”变更为“西部资源”，公司股票代码“600139”不变。

我们来看看重组后公司的基本面亮点。

（1）母公司业绩补偿保证未来两年利润。

2009年年初以来，伴随交易所库存的减少和中国进口的大增，国内外铜价大幅反弹。在相关报告中，我们论证了由于供应偏紧、全球各国经济的触底和恢复，2009年铜价有望继续恢复性上涨，但公司收购资产时预计的价格在2009和2010年可能难以达到。

根据《实际业绩不足承诺业绩补偿协议》，阳坝铜业2009年、2010年实现的净利润不低于8876万元和8893万元，未实现上述承诺业绩时，四川恒康将就实际净利润与承诺业绩的差额款，以现金形式补偿给公司。一季度，公司实现净利润431.29万元。四川恒康2009年和2010年支付阳坝铜业业绩补偿金可能将是必然。

（2）资产重组助推公司迅速转型。

公司重组完成后，主要经营主体为甘肃阳坝铜业有限责任公司，主营业务也由房地产开发和工程建设转变为铜矿采选和销售。

阳坝铜业地处甘肃省陇南市康县，旗下资产主要有阳坝铜矿、杜坝铜矿以及油坊沟—铁炉沟铜矿的探矿权。目前阳坝铜业累计探明铜矿石保有储量为469.83万吨（品位2.192%），年矿石处理规模在18万吨/年左右，拥有4个采选车间，员工300余人。

除了铜矿储量之外，公司主要的伴生矿也具有较高的价值，其中最主要的为伴生金。公司目前伴生金储量为2.376吨（从上市公司调研了解到实际伴生金储量有可能达到3.28吨），银储量为26.8吨，钴和铁的储量分别为1073吨和84.06万吨。

公司目前的利润主要来源于铜精矿的销售，公司管理完善，铜精矿的完全成本可以控制在10000元/吨左右。此外，铜矿含金收益也较为可观。从历史财务数据来看，公司2007年营业收入为1.05亿左右，营业总成本却只有2500万左右。随着公司生产线的稳定，预计2009年公司的营业总成本在3950万元左右，而铜精矿副产品的收入预计可以达到3000万元左右，因此预计2009年公司毛利率仍将维持在较高的水平。

（3）受益于铜价上涨利好刺激。

公司是纯资源型企业，享受铜价上涨。四川西部资源控股股份有限公司（西部资源）原名为绵阳高新发展（集团）股份有限公司，公司于2008年12月完成了重大资产置换，剥离了原有的绵阳资产经营管理有限公司，并注入了甘肃阳坝铜业有限责任公司，主营业务也由房地产开发和工程建设转变为铜矿采选业。目前公司的主要产品为铜精粉，其余产品为伴生组分产品，业务范围均集中在甘肃地区。2009年上半年，公司实现主营业务收入3675万元、净利润2376万元，EPS为0.14元；其间获得债务重组利得1742万元，计入营业外收入，贡献了当期净利润的73%。

铜资源少，产能规模小。公司主要经营主体为全资子公司阳坝铜业，旗下资产主要有阳坝铜矿、杜坝铜矿以及油坊沟—铁炉沟铜矿的探矿权。目前阳坝铜业累计探明铜矿石保有储量为469.83万吨，铜金属量10.4万吨，平均品位2.47%。

目前的生产主体是阳坝铜矿和杜坝铜矿，各有一个日处理能力为300吨的选厂（分别在2007年8月和2008年4月完成技改），年处理矿石规模为18万吨，铜金属量为0.42万吨左右，规模较小，铜矿产品主要供应给白银有色。

公司计划在铁炉沟也建设一个日处理能力为300吨的选矿厂，铁炉沟

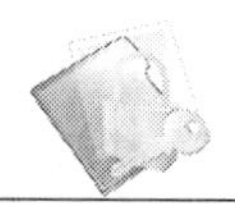

的品位较其他两个矿低，为1.61%。预计2010年该矿投产后每年新增铜金属的产量约1300吨。初步预计公司的年铜金属产能在2011年可能达到近0.6万吨。

具备低成本优势。公司的铜矿品位高达到近2.5%，而目前国内平均品位仅在0.8%左右，品位大于1%的富铜矿仅占总保有储量的35.2%，矿石品位在0.5%左右的大型斑岩铜矿的保有储量约占到总保有储量的35%。

由于铜矿的采选成本较低，公司的资产回报率一直保持在较高的水平，2009年上半年，公司毛利率高达71%。此外，三项费用也低：公司是一家民营企业，人员相当精简，目前管理层仅7～8人，阳坝铜业也仅300多人；控股股东四川恒康2008年承接并代为公司偿还拟剥离的债务，解决了过去鼎天集团控股时期的历史遗留问题，这使得公司目前没有银行借款，不存在利息费用；目前公司的铜精粉全部销给白银有色，运距近、运价低，公司的销售费用也较低。

伴生资源的收益对公司也有盈利贡献。除了铜储量之外，公司主要的伴生矿也具有较高的价值，其中最主要的为伴生金。公司目前总的伴生金储量为2.376吨，银储量为26.8吨，钴和铁的储量分别为1073吨和84.06万吨。

公司在当地收购资源的机会较多。控股股东四川恒康目前拥有托河—柯家河区域101平方公里的探矿权。由于探矿的风险较大，因此探矿工作主要由大股东进行，等到资源情况较明确后再注入上市公司。目前，在托河—柯家河勘查范围内已发现吴家沟、麻地沟、大竹园、潘家湾等多个矿点，并已在吴家沟打了6个钻孔，发现一定的铜矿石资源。此外，公司铜矿所在地陇南地区拥有丰富的矿产资源，除阳坝铜业外，还有不少小规模的铜矿，黄金的储量也不少。陇南地区除了丰富的矿产资源，还有丰富的林业资源和药材资源等。恒康公司在当地拥有较大的影响力，其公司产值（包括独一味及阳坝铜业）占到了整个康县产值的2/3左右，恒康可凭借自身实力和影响力对周边资源进行进一步整合。

全球经济复苏带动铜消费，铜价将震荡上行。中国经济复苏良好，在宽松的财政和货币政策下，房地产和汽车销售步入增长期，发达国家的房地产也出现触底迹象，铜消费将增加。近期各国央行不会收缩流动性，铜价向上的趋势不会改变。此外，虽然铜暂时供应过剩，但铜精矿和废铜供应紧张限制了铜产量增长幅度，未来几年，铜精矿增长将大大低于预期，支撑铜价走高。

根据2009年6月初东北证券的预测，西部资源2008—2010年每股收益分别为0.48元、0.56元和0.66元。

可见，在完成资产重组后，西部资源的业绩正在逐步改善，公司发展进入正轨。

在我们对西部资源进行了详细的跟踪分析后，在其股价处于上涨趋势的回调中，我们便可以大胆介入。

通过上面的案例，我们看到，对于基本面逐步转好的D类股，由于基本面发生了根本性的改变，可能会给我们带来长期的投资机遇。

我们来看案例二。

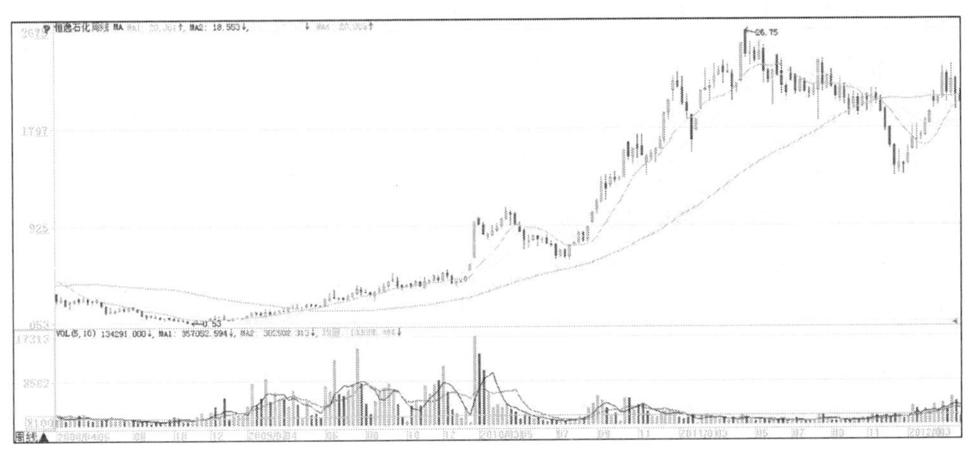

图6-3

恒逸石化（000703）是一家从事生产和销售精对苯二甲酸（PTA）和聚酯纤维（涤纶）等相关产品的公司。

图6-3所示的是恒逸石化自2008年4月至2012年3月这段时间的周K线图。从图中可以看到，在经历2008年的大熊市后，恒逸石化股价逐步

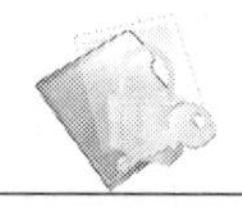

上涨，自2010年大盘进入震荡格局之后，该股在大盘处于震荡市场格局累计上涨507%，在1年多的时间，股价上涨5倍以上，表现确实令人惊叹，更加令人意想不到的是，这样的一家公司，曾经是一只不折不扣，濒临退市的D类股。

2010年3月8日，世纪光华公布2009年年度报告，2009年每股收益-0.14元，每股净资产1.29元，净资产收益率-10.31%（加权平均）。营业收入18389万元，同比减少26.00%，净利润-2019万元，不分配不转增。由于业绩亏损，世纪光华股价被处以退市风险警示，股票名称改为*ST光华。

2010年4月19日，*ST光华公布了2010年1季度报告，2010年1～3月每股收益-0.003元，每股净资产1.29元，加权平均净资产收益率-0.22%，营业收入4529万元，同比增长100.72%，净利润-41万元，同比亏损额减少91.81%。

在2009年年末和2010年年初，*ST光华业绩都没有起色，公司业绩正处于加速下滑期，此时公司也正酝酿着重大的转型。

2010年5月17日，*ST光华公告称股东大会通过定向增发购买资产议案，以下是公告内容：

*ST光华（000703）公司于2010年5月18日召开2010年第一次临时股东大会，提案审议和表决情况：

一、审议通过《关于公司重大资产重组符合相关法律、法规规定的议案》

二、逐项审议通过《关于公司进行重大资产出售议案》

具体表决结果如下：

1. 交易对方

2. 交易标的

3. 交易价格

4. 支付方式

5. 交易标的期间损益安排

本方案需报中国证监会核准后方可实施。

三、逐项审议通过《关于公司向特定对象发行股份购买资产议案》

1. 发行股份的种类和面值

2. 发行方式

3. 发行对象及认购方式

4. 发行价格及定价依据

5. 发行数量

6. 锁定期安排

7. 期间损益安排

8. 本次发行前公司滚存未分配利润的处置

9. 上市地点

10. 决议的有效期

四、审议通过《关于同意签署本次重大资产重组相关协议的议案》

五、审议通过《关于本次重大资产重组涉及重大关联交易的议案》

六、审议通过《本次交易中相关审计报告、审核报告和评估报告的议案》

七、审议通过《关于评估机构独立性、评估假设前提合理性、评估方法和评估目的相关性以及评估定价公允性的议案》

八、审议通过《关于提请股东大会同意豁免恒逸集团以要约方式增持公司股份的议案》

九、审议通过《关于提请股东大会授权董事会办理本次重大资产重组相关事宜的议案》

十、审议通过《世纪光华科技股份有限公司重大资产出售及发行股份购买资产暨关联交易报告书（草案）及摘要的议案》

在通过重组方案之后，公司的基本面情况正在逐步改善，我们来看看重组后其基本面的转变情况。

＊ST光华在增发收购恒逸石化后，转型化纤产业，盈利大幅增强。

＊ST光华原有铝加工业务持续亏损：＊ST光华原有业务为铝加工，生产、销售工业及建筑用铝型材、彩色铝型材、中高档门窗等，注册地在广西北海、主要经营地在河南，控股股东为河南汇诚投资。因为其主要产

品技术含量较低、品牌附加值不高，已经连续两年亏损，2008 年、2009 年净利润分别亏损 1594 万元和 2043 万元，分别对应 EPS 为 -0.11 元和 -0.14 元。

恒逸石化化纤规模全国前列：恒逸集团成立于 1994 年 10 月，位列 2008 年中国企业 500 强第 240 位，2008 年中国制造业 500 强第 126 位，化学纤维制造业第 1 位，浙江省百强企业第 15 位，历年 AAA 级资信企业。恒逸集团于 2004 年 7 月发起设立恒逸石化，经过重组和整合，恒逸石化成为恒逸集团主营业务的控股公司，目前生产经营精对苯二甲酸（PTA）、聚酯纺丝（PET）和加弹丝（DTY）的产业链高度整合的大型民营控股企业，产业规模、装备技术、成本控制和品质管理等方面在同类企业中处于领先地位。截至 2009 年 12 月 31 日，恒逸石化（及其下属企业）主要产品精对苯二甲酸（PTA）年设计产能 226 万吨，增容改造后实际生产能力可达 290 万吨，居国内第一；聚酯纤维年设计产能 140 万吨，实际生产能力可达 150 万吨，居国内第三；聚酯涤纶后纺加弹年产能 30 万吨，居国内第一。

恒逸的盈利水平超行业的平均水平：恒逸较强的盈利能力，来自于产业的规模化带来的成本优势，原材料由公司内部提供，增大了原材料价格的可预见性，增强了定价能力，达到价格传导机制的顺畅，而且不同产业链上的产品周期性不同，完整的产业链使得公司规避单一产品所带来的周期风险，保证企业取得稳定的利润率；另外，其涤纶长丝差别化率达 50% 以上，超出行业平均值 20% 以上，使公司的盈利能力远高于行业平均居前列，净资产收益率接近 30%，而行业平均水平在 10% 以下。

恒逸的物流与区域优势：恒逸石化除去装臵的规模化和产业的一体化领先优势明显之外，在大连和宁波的 PTA 工厂及福建的新项目均自建码头、PET 和 DTY 靠近纺织发达的江浙地区，使公司具有高效的物流和突出的区域优势，未来产业链延伸还将覆盖长三角和福建地区、渤海湾。

评估与业绩承诺：按照公告，截至 2009 年 12 月 31 日，恒逸石化母公司未经审计的账面净资产为 9.39 亿元。以 2009 年 12 月 31 日为评估基准日，恒逸石化的净资产预估值约为 40.68 亿元，增值额约为 31.29 亿元，增值率约为333.23%。以贴现估值法得到的恒逸石化企业整体价值为564877万元，付息债务为158119万元，股东全部权益价值为406757万元。2009年，恒逸石化2009年未经审计的归属于母公司所有者的净利润6.44亿元，其中聚酯和PTA业务的净利润分别超过2亿元。2010年，在原有聚酯业务和PTA业务保持稳步发展的基础上，大连PTA产能的全部释放和上海恒逸40万吨/年聚酯产能的建成，恒逸初步估算归属于母公司所有者的净利润不低于7.95亿元。公司承诺以此预测为重组后2010年将达到的业绩，若不能实现此业绩，则公司将按《上市公司重大资产重组管理办法》就补偿做出安排，具体内容将在重组报告书中披露股价上涨空间犹存：世纪光华拟以9.78元的发行价向恒逸集团、鼎晖投资等定向增发不超过4.5亿股。若按增发4.5亿股、恒逸承诺业绩，10年世纪光华EPS将达1.34元。

通过增发收购恒逸石化之后，*ST光华得到恒逸石化的业绩承诺，这使得原先濒临退市的*ST光华股价在震荡市场保持了1年多时间的上涨行情，股价累计上涨了5倍以上，对于这样基本面逐步改善的D类股，在其上升浪的股价调整中，给我们提供了介入获利的好机会。

第七章

中国股票市场盈利模式总结

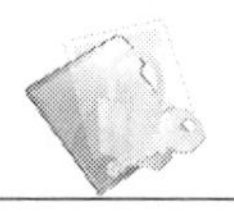

在中国股市刚诞生不久，那时候人们买卖股票可能出于非常单纯的目的，有股票就可以去购买，甚至不管是何种股票，当时股票数量非常稀少，购买股票还要先买认购证，买到股票后，基本上就有极大获利的可能性。

随着中国股票市场的不断发展，股票的数量开始逐步增加，以往的盲目买股策略已经过时了，此时，许多投资者开始研究 K 线和各项技术指标，开始用技术面选股的模式操作股票。

然而，随着主力们的操盘手法越来越老道，那些传统的紧紧依靠技术面就能获利的时代也一去不复返了，此时，许多人开始慢慢采用基本面选股的思路。

我们发现，无论你采用技术面选股，还是基本面选股，都具有一定的局限性，于是，一种把两者相结合的技术面和基本面综合选股法就应运而生了。

那么，技术面和基本面综合选股法到底是什么样的呢?

我们知道，从技术面来看，股票具有上涨，震荡和下跌三种形式，在股票上涨时做多，在股票震荡时做差价，在股票下跌时做空这是传统的投资思路；从基本面来看，如果股票的基本面变好，应该做多，如果股票的基本面变差，应该做空。因此，我们可以这样说，在股票技术面处于上涨趋势，同时基本面也逐步转好时，我们做多股票获利的概率较大，当股票技术面处于下跌趋势，同时基本面也逐步变差的时候，我们做空股票获利的概率较大。这就是我们所说的技术面与基本面综合选股法。

在本章，我们就来盘点当前几种比较实用的盈利模式。

我们先来把盈利模式进行一个分类，如果当前股票的趋势向上，同时我们预测未来该股票仍然会继续原来的运行方向，此时我们应该做多；如果当前股票的趋势向下，同时我们预测未来该股票的趋势仍然会继续原来的运行方向，此时我们应该做空；如果当前股票的运行趋势是处于震荡行情，或者可能具有某种比较确定性的小幅度的涨升规律，此时我们可以进行套利操作。

通过上面的分析，我们可以把盈利模式分为做多、做空和套利三种，每种盈利模式适合不同的大盘环境和不同类型的股票。

下面我们就分别来看一下这三种盈利模式。由于每种盈利模式的方法有很多种，鉴于篇幅，笔者不可能一一介绍，笔者只选取一些自己认为非常具有实战运用意义的盈利模式进行介绍。

第一节 做多

做多的盈利模式众多，在此笔者只介绍几种典型的做多方式，长线做多、中线做多和短线做多。

一、长线做多

长线做多盈利模式是在大盘处于牛市和熊市后的较长期的反弹行情中才会出现的，因此，要想活用这一盈利模式，我们就必须要面对那些长线牛股，也就是我们常说的强势长庄股。

对于强势长庄股，我们要在大盘处于牛市、较长期的上涨趋势或者震荡市场时去寻找，那些公司具有安全边际，业绩保持稳定增长的公司是成为强势长庄股的前提条件，对于长庄股，一定要有基本面的长期支撑。

下面我们就来几个这种强势长庄股的投资案例。

我们来看案例一。

国电南瑞（600406）是一家从事电网调度自动化、变电站自动化、火电厂及工业控制自动化产品的研究开发、生产、销售、服务以及与之相关的系统集成的公司。公司是经国家经贸委批准，由主发起人南京南瑞集团公司以其下属的电网控制分公司和系统控制分公司的生产经营性净资产，以及位于南京市浦口区沿江镇高新技术产业开发区的1848.8平方米的土地使用权和4586.9平方米房产作为出资，国电电力发展股份有限公司以现金收购南京南瑞集团公司工业控制分公司的经营性净资产作为出资，联

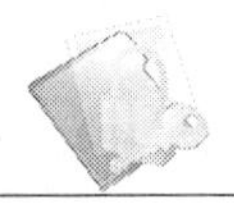

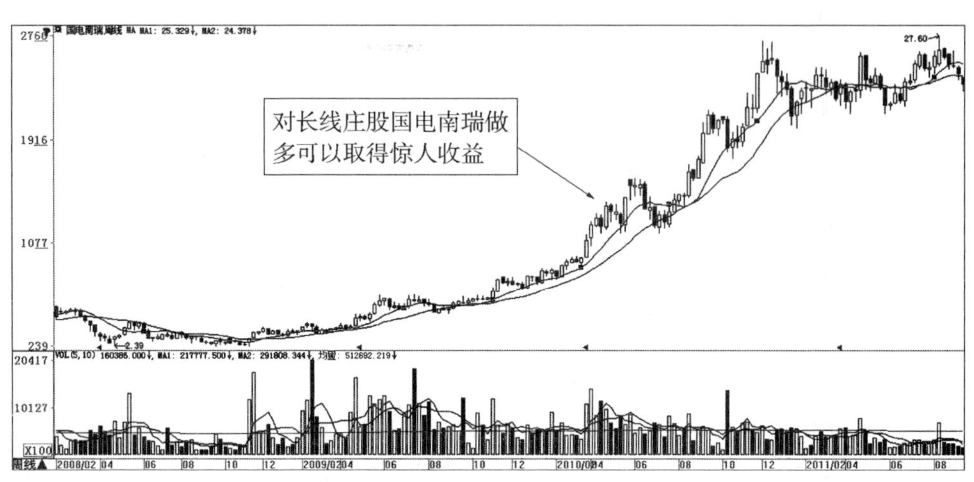

图 7－1

合南京京瑞科电力设备有限公司、江苏省电力公司、云南电力集团有限公司、黑龙江省电力有限公司、广东华电实业有限公司、济南英大国际信托投资有限责任公司等6家法人单位以现金出资，共同发起设立的股份有限公司。公司注册资本6900万元，2003年10月，公司股票登录上海交易所，发行4000万股，募集资金3.9639亿元。

图7－1所示的是国电南瑞自2008年2月至2011年8月这段时间的周K线图。2008年10月底之后，上证指数逐步见底企稳，走入新一轮的上涨行情中。我们注意到，2008年11月至2009年10月这段时间，国电南瑞股价一直处于放量上涨状态，可见长线庄家对国电南瑞的吸筹延续了近1年时间之久，2009年11月之后，国电南瑞股价开始步入庄家控盘上涨的状态，直到2011年8月，国电南瑞股价才开始逐步走入下跌趋势，国电南瑞股价维持了长达2年多的上涨行情。对于这种长线庄家控盘的长线强势庄股，只要我们在确定其基本面安全的前提下，一旦其股价回调，我们便可以大胆介入，享受长线庄家持续拉升所带来的丰厚利润。

当然，国电南瑞股价能够维持长达2年多的上涨行情，成为强势长庄股，与其基本面有着重要的关系。

这只股票也是笔者曾经跟踪投资多年的股票，下面我们就来介绍一下当时笔者对其基本面的跟踪以及投资情况。

在我们公司的股票池当中，2007 年的时候，国电南瑞这只股票我们曾经赋予过较高的收益预期，并多次赴江苏——公司总部所在地实地调研。每次调研回来的结论都是两个字：心动。当时这只股票尤其符合我的投资理念：股本不大，总股本 25506 万股，流通股本 17492 万股；2007 年年初的股价徘徊在 25 ～ 30 元之间，流通市值 50 亿元左右（我的投资理念是流动市值不超过 100 亿元）；从 2005—2007 年，股价累计涨幅不大，2005 年最低为 9. 43 元，2007 年年初最高为 32 元，涨幅 2 倍多，而此期间，在牛市的大环境下，很多股票已经超过 5 倍甚至 10 倍以上的涨幅。

在这些符合我的投资理念的前提下，我开始深挖公司的基本面，寻找股价上涨的催化剂。经过多次实地走访调研之后，2007 年 4 月份，在 26 元附近开始逐步分批买入，还没有配置到我们计划的持仓比较，但股价一个星期后突然涨到 30 元以上了，我们只好暂时拿着底仓观望。5 月份，国电南瑞的股价进一步被推高，下旬最高到了 38. 50 元。这个历史新高也成为 5 年以来的历史顶峰。市场经历 2007 年 6 月份的调整，从 7 月份开始，牛市步伐继续拾级而上，但此时此刻，国电南瑞的股价却背驰而行，因此，2007 年我们投资国电南瑞无疑是失败的。

分析基本面原因有二：

（1）公司业绩释放不出来，2006 年年度公司每股收益有 0. 542 元，2007 年释放出 0. 558 元，基本持平；2008 年只有 0. 491 元，每股收益都低于投行和我们的预期。

（2）电网投资低于预期，尤其是 2008 年的全国电网投资都不足国家计划的 50% 。

2007 年 10 月份开始到 2008 年 10 月的熊市，国电南瑞自然随波逐流地下跌。2008 年 4 月份股价最低为 15. 18 元，这个时候，大熊市才走到半山腰，上证指数从 2008 年 4 月份的一个反弹高点 3700 点一线继续下跌到 2008 年 10 月 1664 点的时候，国电南瑞却没有再创新低，这在当时的市场环境下，是凤毛麟角的股票了。

虽然我们 2007 年在国电南瑞上有过失败的投资经历，但我们并没有放弃它，因为这只股票太符合我个人的投资理念了，所以我们底仓也就一

直没有出来，相反，2009 年开始我们继续开始实地调研。

这个时候，国电南瑞的转机来了，我们预计股价会得到市场的认可和机构的深度挖掘，原因有三：

（1）行业龙头：公司是国内电力自动化领域的技术领先企业和市场龙头企业，在高端电力二次设备市场占有率高达 50% 以上，大股东南瑞集团注入农电自动化业务资产，完善公司高低端电力自动化业务。公司电网相关产品销售于国家电网，有一定程度的垄断性。

（2）轨道交通：我国规划至 2015 年建成 2400 公里轨道交通，是世界最大的城市轨道交通市场。公司全资子公司国电南瑞（北京）控制系统有限公司是专门从事轨道交通电气化项目的产业化和市场化工作，全资子公司中德保护控制系统有限公司是西门子最大的代理商。公司曾成功参与运作德黑兰地铁、广州地铁二号线等项目，目前正在参与北京轨道项目、广州地铁三号线、南京地铁一号线、重庆轻轨、武汉轻轨等项目。2008 年年度显示，公司轨道交通电气及保护业务同比增长 17.42%，占总收入的 21.6%，成为公司重要的利润来源。

（3）数字化变电站：2008 年年度公司在广东电网变电站技改批量项目招标中，中标 15 座变电站的数字化改造工程，随着未来数字化变电站在全国推广，这将成为公司新的盈利点。

同时，控股股东有增持公司股份的强烈愿望。

很快，国电南瑞（600406）2009 年 5 月 14 日发布公告称，公司控股股东南京南瑞集团公司 5 月 13 日以 29 元/股的价格增持公司股份2892240 股，占公司总股本的 1.134%。增持后，南瑞集团持有公司股份 92551680 股，占公司总股本的 36.286%。

南瑞集团为此出资 83874960 元。公告显示，南瑞集团拟自 2009 年 5 月 13 日起的未来 12 个月内，继续增持公司股份，增持比例合计不超过公司总股本的 2%。受此消息影响，2009 年 5 月 14 日早盘，国电南瑞在大幅高开后被资金快速拉高，盘中成交量快速放大，截至早盘 9 点 35 分，国电南瑞报 30.80 元，上涨了 8.37%。

同时，2008 年电网投资明显低于预期，但由于受到中央高层的重视，因此，2009 年为落实国家“十一五”规划、扩大内需保增长的关键之年，而电力行业和城市轨道交通行业作为国民经济可持续发展的重要物质基础，有望迎来行业的景气高峰。国电南瑞（600406）作为国内电力自动化领域的技术领先企业和市场龙头企业，背靠实力雄厚，拥有强大的行业背景资源和大量优质资产的控股股东，同时享受电网建设和轨道交通建设双高峰的空前机遇，未来业绩将有比较明显的释放。

针对国家“4 万亿刺激经济计划”，国网公司和南网公司于 2008 年 11 月宣布了最新投资计划。与原有规划相比，国家电网公司计划未来 2 ～ 3 年内电网投资规模达到 1.16 万亿元，新增投资 6100 亿元。南网公司在原规划 1100 亿元的基础上每年增加 300 亿元的投资。当时，我们预计，未来两三年，我国电网投资将迎来爆发式增长期。

在电网投资加大的情况下，公司作为国内三大高端开关研发和制造基地之一，产品受益最大，同时，公司产能释放正逢其时，未来几年业绩增长有充分的保障。

公司基本面的改善和行业机会的转机，催化了国电南瑞股价的上涨，2009 年 5 月份，也就是在控股股东增持公司股份当月，股价就创出历史性新高。随后几个月，股价出现小幅波动。

2009 年 7 月 16 日，国电南瑞（600406）发布公告，公司拟收购南瑞集团城乡电网自动化、电气控制及成套设备加工业务相关资产（含债务）。交易标的账面净值为 23965.38 万元，评估值为 40260 万元，购买价格为 40261 万元，再一次兑现了股改承诺。

城乡电网自动化业务相关资产：即城乡电网分公司，主要业务集中在中低压继电保护领域，包括为电力系统的 110KV 以下电压等级变电站、各种容量发电厂和电力系统外石油石化、钢铁等市场的客户提供保护、保护监控一体化产品和系统集成、技术咨询、工程调试等服务。

电气控制业务资产：即电气控制分公司，主要应用于电力系统中发电设备运行与控制自动化、电力系统电力电子技术应用领域。主要产品为发电机励磁系统系列产品。南瑞集团的发电机励磁专业长期保持国内的龙头地位。

成套设备加工业务相关资产：即成套设备厂/分公司，主要应用于电子产品生产工艺研究及加工制造；电气设备各种类型机械载体的工艺研究、产品开发与生产制造；电网自动化、电厂自动化、工业自动化电气设备、电气控制设备的成套生产、系统调试和服务支持等。其是国内业界最大的电力系统自动化设备生产制造基地之一，拥有国际先进的以表面贴装（SMT）设备为主的电子工艺及生产加工系统；以自动和半自动调试环境为主的产品电性能测试及生产调试系统。

购买了这三块资产对公司有何影响呢？拟购买的三块资产除将增厚公司业绩外，对公司的影响还包括减少同业竞争、增强整体竞争力；有利于加快风电控制系统研发和产业化进程；有利于完善公司上下游产业链，减少关联交易等。

同时，我们对公司做出的盈利预测是：不考虑本次收购资产及电网公司加快智能电网建设的影响，我们之前预测公司 2009—2011 年 EPS 分别为 0.65 元、0.77 元、0.84 元；我们预测拟收购资产 2009—2011 年 EPS 分别为 0.222 元、0.277 元、0.302 元；收购资产后 2009—2011 年 EPS 分别为 0.872 元、1.044 元、1.143 元。

我们的投资评级是：本次完成收购后，南瑞集团尚有稳定技术分公司、水情水调环境监测分公司、大坝工程监测分公司、信息系统分公司、通信系统分公司及对南瑞继保、深圳南瑞、南瑞自控的股权没有进入国电南瑞，未来还有资产注入的空间，智能电网建设公司亦将会大大受益。我们维持“买入—B”投资评级，目标价位 50 元。

2009 年 7 月 22 日，国电南瑞晚间发布 2009 年半年报，由于新签合同数量同比大幅增加，公司上半年净利润增长四成。

其间公司实现销售收入 6.04 亿元，同比增长 31.65%；净利润 0.76 亿元，同比增长 42.24%。实现每股收益 0.2996 元，同比增长 42.26%。

公司表示，净利润增长主要是由于新签合同较上年同期大幅增长使得营业收入增加，同时加大费用控制力度所致。

国电南瑞的内外兼修，使之前我们一直担心的公司业绩方面也得不到很好地释放。

2009年10月16日，公司公布三季报，实现每股收益达0.67元。公司亮丽的三季报主要源于稳定内生增长以及外延资产注入带来的业绩增厚，同时公司成本费用控制能力有所提高。

作为国内电力二次设备龙头，公司具有较强的技术优势和市场优势，不断注入资产的预期更使得公司作为未来智能电网领导者的行业地位凸显。原有业务盈利增速明显，体现公司稳定的内生性增长。2009年前三季度，公司原有业务实现净利润1.27亿元，对应每股收益为0.50元，同比增长57%，其中第三季度实现净利润5090万元，同比增长85.93%，继续延续了二季度良好的增长势头。

外延资产注入增厚公司业绩，持续注入仍旧值得期待。报告期内，公司基本完成对控股股东南京南瑞集团公司城乡电网自动化、电气控制和成套加工业务相关资产的收购。从业绩披露来看，前三季度收购资产实现归属母公司净利润4321.49万元，贡献EPS 0.17元，同比增长20%。前两季度分别实现净利润1370万元和2468万元，第三季度净利润下滑明显，为484万元，预计全年可以实现7500万元左右的净利润。

公司费用控制能力有所提高。前三季度，公司费用得到有效控制，对盈利增长起到积极作用，其间费用率仅为19.13%，较去年同期下滑3.5个百分点，其中管理费用下滑将近2个百分点。

综合这些基本面因素，国电南瑞2009年下半年到2010年年报公告期间，股价不断上涨，我们在30元以下增加的仓位也获得了较大的投资收益。

2010年1月28日，国电南瑞率先公布年报，业绩符合预期，并有十送十的分配方案。

国电南瑞发布2009年年报显示，其实现销售收入17.78亿元，同比增长29.2%，实现归属于母公司净利润2.5亿元，同比增长44.5%，每股收益0.98元。符合我们之前的预期。拟每10股送红股10股，并派发现金红利1.5元（含税）。

各项业务情况：电网调度自动化收入增长21.9%，毛利率下降5.2个百分点；变电站自动化收入增长26.7%，毛利率上升0.5个百分点；轨道交通自动化收入增长53.6%，毛利率下降2.4个百分点；火电及工业自动

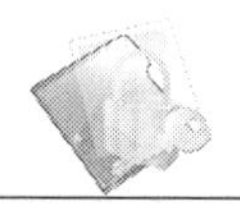

化收入下降39.2%，毛利率上升28.8个百分点；城农网自动化收入增长62%，毛利率持平；电气控制自动化收入下降2.1%，毛利率增长4.7个百分点。用电自动化收入5.9万元，但毛利率高达83.2%。我们预计2010年轨道交通、城农网仍会高增长，新增加的用电自动化业务收入规模将迅速扩大。

2010年经营计划比较保守：2009年年度公司新签合同26.5亿元，同比增长39.47%；2010年，公司计划新签合同33亿元，计划实现销售收入22.3亿元、归属于上市公司普通股东的净利润为3.24亿元。不考虑新业务的增长，公司的计划和我们之前的预期非常吻合，考虑新业务智能用电的收入和利润规模迅速扩大，我们预计公司2010年股属于母公司净利润将增长50%。

资产并购预期明确：在年报中，公司明确2010年要内涵式发展与外延式扩张并重，完成非公开增发股票，募集发展资金，加速实现公司在智能电网、轨道交通自动化产业扩张。

巩固传统产业优势，培育新增长点，通过并购、合作新建等资本运作方式，扩大经济规模。

针对2010的公司情况，我们暂时不调整公司盈利预测，不考虑增发摊薄，2010年、2011年EPS分别为1.30元、1.71元。之前公司采用现金收购方式从国网电科院进行了多次资产收购，国网电科院还有许多资产没有进入国电南瑞，未来还有资产注入的空间，维持“买入—A”投资评级。

通过对国电南瑞进行了为期4年的长期跟踪，我们发现国电南瑞的业绩逐步进入爆发期，同时基本面具有十足的安全边际，在这样的基本面背景下，国电南瑞的股价能够被长线强势机构庄家挖掘，维持两年多的上涨行情是意料之中的事情，对于投资者来说，只要在其股价处于上涨趋势中的回调中介入，就能获得非常不错的收益。

我们来看案例二。

古井贡酒（000596）是一家从事古井、古井贡、老八大和野太阳品牌及其系列酒的生产和销售的公司。公司前身为亳州古井酒厂，成立于1958年，1986年改名为亳州古井酒厂。1993年进行股份制规范化试点，1996

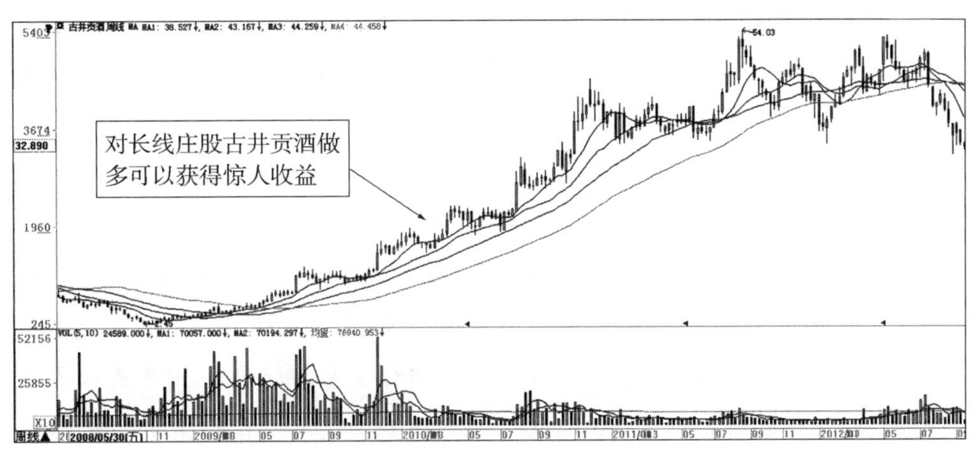

图 7－2

年 2 月 8 日，实行股份制改造；同年 3 月 5 日公司正式成立。1996 年 3 月 28 日，发行境内上市外资股（B 股）6000 万股，同年 8 月 21 日至 9 月 11 日，发行 A 股 2000 万股（含公司职工股 200 万股）。

图 7－2 所示的是古井贡酒自 2008 年 5 月至 2012 年 9 月的周 K 线图。2008 年 10 月底之后，上证指数逐步见底企稳，走入新一轮的上涨行情中。我们注意到，自 2008 年 10 月至 2009 年 11 月这段时间，古井贡酒股价一直处于温和放量上涨状态，可见长线庄家对古井贡酒延续了一年多时间的长期吸筹。2009 年 11 月之后，古井贡酒股价开始走入庄家控盘上涨的状态，直到 2011 年 8 月，古井贡酒股价才开始逐步走入下跌趋势，股价维持了 2 年多的上涨行情，对于这种长线庄家控盘的长线强势庄股，只要我们在确定其基本面安全的前提下，一旦其股价回调，我们便可以大胆介入，享受长线庄家持续拉升所带来的丰厚利润。

当然，古井贡酒股价能够维持 2 年多的上涨行情，与其基本面有着重大关系，接下来我们来看看其基本面的状况。

我们来看看 2010 年 3 月招商证券分析师朱卫华，董广阳和黄珺发布的对于古井贡酒的调研报告：

糖酒会上我们对公司高管与经销商做了访谈，更肯定了我们的看法，这是一家蒸蒸日上的公司，它的 5 年发展规划与我们在前期报告中提到至

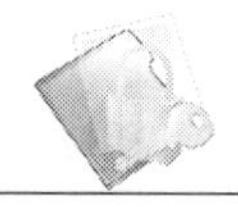

少能看清5年的观点不谋而合。我们预计公司2009—2011年的EPS分别为0.55元、1.10元、1.65元，预计2014年市值有望达到目前的3倍，维持“强烈推荐—A”投资评级。

公司提出5年大发展的规划：在2009年15亿元（含税）的基础上，到2014年实现50亿元收入，年复合增长率为27.2%。目前苏、鲁、豫、皖4省占收入的70%、安徽占50%，如果5年后还保持这一比例，4省收入将达35亿元，安徽将达到20亿～25亿元的水平，我们认为这在现有产品架构下是可以实现的，安徽市场则达到相对饱和的状态。如果收入要进一步突破，必须利用公司“老八大”的底蕴在更高端的价位上实现发展。

我们测算公司2009年起，未来5年利润年复合增长率为58.5%，如果在2010年利润的基础上翻番，那么后续4年利润年增长将达49.5%。我们认为公司销售净利率将从10%逐步提高到30%，2014年将实现净利润13亿元，EPS 5.5元；按20～25倍PE，市值将达到260亿～325亿元，是目前市值的3～3.8倍，目前给40倍PE不过分。

利润率的提高得益于一是规模效应，二是产品结构提升。30%的利润率是对比目前洋河股份的水平，而古井贡酒的产品结构正逐步向洋河股份目前的格局靠齐，古井贡酒年份原浆2009年占收入比重的23%，未来这一比重要逐步提高到70%。

我们建议公司管理层与市国资委或集团二股东签订对赌协议。如果五年后达到经营目标，则由市国资委或集团二股东对管理团队实施股权激励，此举将开创A股食品饮料公司之先河，一旦成功将实现多方共赢。公司高管对此未表态，只是提到现在机制比体制的问题更重要。集团二股东上海浦创投资公司介入的直接成本较低，折合每股8元（外加投资2亿元以上人民币发展集团旗下的瑞福祥食品的农副产品深加工项目）。

公司产品结构不断提升，可改善的空间还很大：（1）年份原浆16年换了红装，春节前推出终端指导价800元的年份原浆26年，现在年份原浆酒与太平猴魁并列为安徽省的名片。（2）由于企业资源都投放到年份原浆身上，第二梯队的古井淡雅没有广告支持，我们担心没有广告支持会难敌竞品，公司称古井淡雅是成熟产品，随着年份原浆的热卖，古井淡雅也会被带动。不过我们认为金种子酒在100元以上的市场拼不过古井贡酒的市场，而在50～80元价位的市场有先发优势加资源投入，前景较好，而且该价位刚好在安徽的市场空间很大。(3)“中国名酒·古井贡酒”如何定位？按理古井贡牌酒价格应该高于古井牌酒，但古井贡酒部分系列产品价格低于古井淡雅，公司也试图提升档次，推出金奖古井贡酒等产品，但老的不去，新的也起不来，公司表示当年份原浆酒将公司收入业绩撑起来后，老古井贡酒的问题就容易解决了。

营销投入继续加大。公司2009年投入1.3亿元，2010年计划增加投入4000万元，媒体做了调整，增加了央视的投入，由原先的两个时段调整为全年播出，加强了与安徽卫视的战略合作，增加了凤凰卫视的投入，减少了河南卫视、山东卫视的投入，因三大媒体基本可完成覆盖。此次糖酒会与洋河、酒鬼三家联合布展，人气很旺。

销售队伍不断扩充，曾经八九百人的销售队伍，今年计划扩大到1500人，最近已经招了100名大学生。

渠道严格管控。增加经销商押金，累积到20万元滚动留存。对窜货处罚很严厉，2009年罚掉一两百万元，今年一季度罚掉40万元，其中最大的一笔是27万元（保证金+其他激励）。

无锡经销商新模式。无锡6个经销商，按团购、餐饮、流通（商超）三块形成利益共同体，用这种模式切入了洋河的势力范围，足见古井贡酒的潜力。公司表示，这种模式也需要因地制宜、找到合适的经销商伙伴，不是其他地区能随便复制的。

精益管理模式。公司称2009年公司定位“营销与转型”年，重在思维模式、产权制度的改革，2010年定位“高效运营与深度营销”，主要是精益管理。这个管理体现在很多环节上，比如生产上。白酒生产季节性强，旺季时往往原材料供应不上、产品出不来，公司通过精益管理平滑生产波动，使旺季时缺货现象得到缓解，不过今年春节因旺销仍然存在缺货现象。

以上的研报比较详细地介绍了古井贡酒的基本面状况，我们可以了解到，在公司产品结构扩张、营销投入加大和管理模式不断改善的基础上，

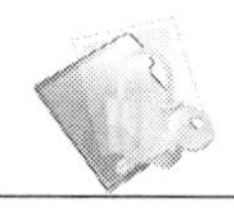

不仅公司过往的业绩具有十足的安全边际，而且在未来5年内业绩仍有望保持高速增长，在如此靓丽的基本面情况下，古井贡酒的股价长期牛市的行情也是意料之中的事情。对于我们普通投资者来说，一旦认定了古井贡酒为强势长庄股，在上涨趋势没有破坏的前提下，一旦其股价回调，便为我们带来了买入良机。

对于强势长庄股的投资，我们一定要对其基本面进行长期的跟踪和研究，只有确定其业绩处于长期稳步增长的状况，我们才可以长期对其做多。

二、中线做多

中线做多是在大盘处于震荡行情中最常见的盈利模式，此时的股票上涨周期可能多为几个月时间，因此，要想活用此种盈利模式，我们必须学会那些中线牛股的投资思路。

中线牛股往往在大盘处于震荡行情中爆发，中线牛股往往是那些业绩在一段时间之内有着不错的增长，并且业绩有一定安全边际的股票。

下面我们就来看几个这些中线牛股的投资案例。

我们来看案例一。

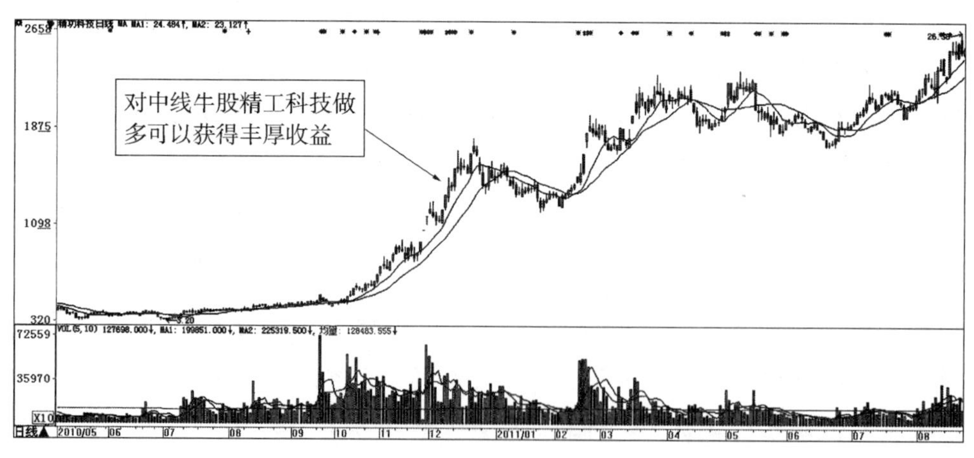

图7-3

精功科技（002006）是一家从事机电一体化的建筑、建材专用设备及轻纺专用设备，从事高新技术产品的研制开发、生产制造、经营销售和技术服务的公司。2000年8月29日，经浙江省人民政府企业上市工作领导小组批准，由浙江精工集团有限公司（后于2002年12月26日更名为精功集团有限公司）、自然人孙建江、邵志明、中国科技开发院浙江分院、浙江省科技开发中心为股东的绍兴精工科技有限公司由有限责任公司依法整体变更为股份有限公司；原绍兴精工科技有限公司2000年7月31日经审计后的净资产5000万元，按1∶1折为投入股份公司股本，各股东持股比例不变。2000年9月10日在浙江省工商行政管理局领取了《企业法人营业执照》，注册资本为5000万元。2004年6月，精功科技登录深圳交易所，发行3000万股，融资2.316亿元。

图7－3所示的是精功科技自2010年5月至2011年8月这段时间的日K线图。2010年7～11月，上证指数处于震荡市场上涨行情，在这样的大盘环境下，2010年7～10月，精工科技股价逐步放量上涨，主力资金吸筹动作明显，终于在2010年10月，公司股价迎来了爆发，借助大盘的上涨环境，精工科技的庄家对其进行快速拉升。此后，大盘经历了几次震荡市场的调整，精工科技在几次调整之后，股价不断创出新高，股价维持了10个月左右的上涨格局。在震荡市场，对于这样的中线牛股，我们要在其主力吸筹后，股价爆发初期介入做多，这样是比较安全的投资策略。

当然，精工科技的股价维持了中级的上涨行情，成为中线牛股，与其基本面的催化不无关系，下面我们就来看看精功科技的基本面情况。

我们先来看看2010年10月29日光大证券对精功科技的调研简报，以下是内容要点：

光伏装备业绩爆发，单季利润几何增长。

公司今日公告，其三季报净利润为2155万元，其中三季度单季净利润为1108万元，超过前两季度之和。根据公司业绩预告，四季度主营净利润2193万～2693万元，超过前三季度之和。自年中以来，单季利润环比呈几何级数增长。

公司进入光伏设备市场3年，品牌得到大厂认可，多晶铸锭炉产品销量开始爆发。我们看好2011年光伏设备市场，同时看好公司进口替代的

步伐。预计2011年、2012年业绩为1.14元、1.68元。公司合理价格为29元，对应2011年25倍市盈率，建议买入。

公司业绩拐点已到，未来5年光伏业务复合增长超50%。

根据业绩预告，我们估计今年公司多晶铸锭炉的销售收入大幅增长。预计2011年国内硅片扩产13GW，需多晶铸锭炉2000台，较今年的市场容量增长100%左右。随着公司市场占有率的提升，其明年的铸锭炉业务大幅增长可期。公司近期公告，将增大明年多晶铸锭炉的扩产规模，这同样反映了公司对明年订单的较高预期。

考虑公司的铸锭炉业务大幅增长，硅片产能提升，其2011年业绩将继续大幅好转。今后5年，我们认为全球光伏市场应可持续40%增长，光伏设备国产化比例的提升，公司同时在光伏设备领域延伸其产品线，预计公司光伏设备业务将会维持5年50%以上的复合增长。

铸锭炉市场5年10倍，精功科技代表的国内厂家将成最大受益者。

今年国内多晶铸锭炉安装量约1000台。按照2010年15GW新增装机，光伏市场未来5年保持40%的复合增速，组件产量/安装量之比维持1.5倍，则2015年铸锭炉市场需求将为10000台，市场总量为300亿元，复合增速为60%。

随着技术水平的提高，国内大厂对设备定制化需求强烈。原本占据市场主流的进口厂商，难以提供深入客户的定制化服务。而以精功科技为代表的新进国内厂，经过3年以上的实践检验，产品质量为大厂接受，迅速挤占市场。今年10月，中能52台（产能250MW）大单签给精功科技，表明这一趋势已经开始。若公司能在5年后获得30%的市场份额，则仅此业务贡献收入将是2009年全年销售收入的14倍。

光大证券认为精功科技是国内光伏产业的龙头企业，其业绩拐点已到。

2010年11月28日，光大证券再次发布了跟踪精功科技的调研简报，以下是主要内容：

历史性大单，见证国内光伏设备龙头的崛起。

公司25日公告，于当日与江苏协鑫硅材料科技发展有限公司签约，拟于明年6月30日前，提供150台（套）多晶硅铸锭炉，供其铸锭项目扩产所需，合同总价为4.02亿元。此次大单进账，加上前期公告的订单，公司公告的在手订单为242台，且全部缴纳了20%的预付款，几无违约风险。预计这些订单全部在明年结算，锁定公司业绩的强劲爆发。

公司进入光伏设备市场3年，终于崭露头角，成为多晶铸锭炉市场龙头。我们看好2011年光伏设备市场，同时看好公司进口替代的步伐。预计2011年、2012年业绩为1.51元、2.34元。公司合理价格为53元，对应2011年35倍市盈率，建议买入。

公司业绩拐点已到，未来5年光伏业务复合增长超50%。

在2个月内公司接连接到大订单，公司业绩在未来大幅增长是大概率事件。在这样的业绩暴增的基本面预期下，精工科技的主力乘势拉升，完成了一波中级拉升行情，对于投资者来说，在其股价拉升初期介入做多是非常明智的选择。

我们先来看案例二。

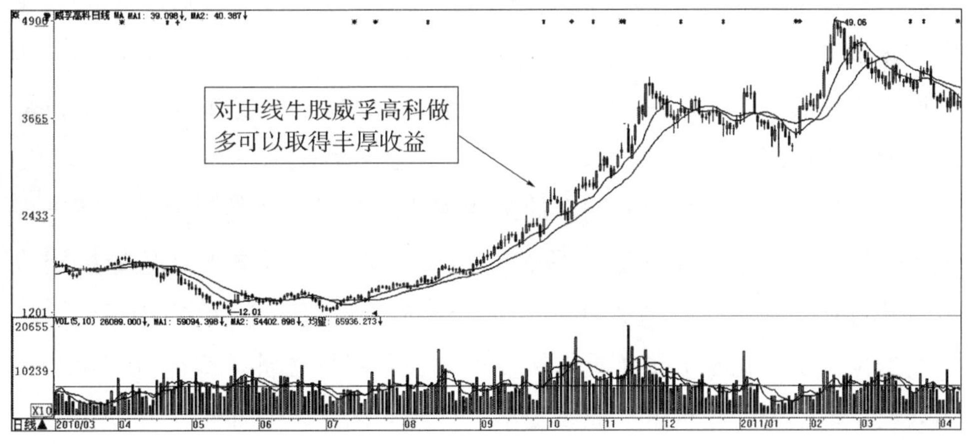

图7-4

威孚高科（000581）是一家从事内燃机燃油系统产品、燃油系统测试仪器和设备制造的公司。公司前身无锡油泵油嘴厂成立于1958年。1988年4月，公司更名为无锡油泵油嘴集团公司。1992年改组为股份有限公司，1994年，无锡威孚集团有限公司成立。1998年9月，威孚高科登录深

圳交易所，发行1.2亿股，募集资金5.856亿元。

图7-4所示的是威孚高科自2010年3月至2011年4月这段时间的日K线图。2010年7月至11月，上证指数处于震荡市场上涨行情，在这样的大盘环境下，2010年5～9月，威孚高科股价温和放量上涨，主力资金吸筹动作明显，终于在2010年9月，公司股价迎来了爆发，借助大盘的上涨环境，威孚高科的庄家对其进行快速拉升，股价维持了7个月左右的上涨格局。在震荡市场，对于这样的中线牛股，我们要在其吸筹后，股价爆发初期介入做多，这样是比较安全的投资策略。

当然，威孚高科股价在大盘处于震荡趋势中便走出中级拉升行情，离不开其基本面因素的催化，下面我们来看看威孚高科当时的基本面情况，经研究，我们发现威孚高科具有以下基本面亮点：

（1）旗下控股子公司的重卡柴油机配套产品及电控VE泵等产品销量大幅增长。

2010年1～6月我国重卡销售58.4万辆，同比增长112.7%，其中半挂牵引车销量为20.2万辆，同比增长227.5%。公司PW2000主要为EGR国三标准重卡柴油发动机配套，上半年销量约为14万套，比去年同期翻了近3番。参股31.5%的RBCD主要为高压共轨国三标准柴油发动机配套，上半年实现投资收益1.16亿元（去年同期亏损）。

威孚高科生产为商用车配套的柴油燃油喷射系统产品及乘用车尾气催化净化器。利润主要来源于参股公司博世汽柴及中联电子贡献的投资收益，共占到净利润的51%，其中博世汽柴占36%。

博世汽柴受益于上半年重卡爆发性增长，销量翻番。博世汽柴生产高压共轨系统主要配套重卡，业绩随重卡行业变化。2010年上半年我国共销售重卡58.4万辆，同比增长113%。上半年博世汽柴净利润为3.68亿元（去年同期为-0.17亿元），为公司贡献投资收益1.16亿元。预计今年全年博世汽柴可贡献投资收益3亿元。博世汽柴在高压共轨领域技术领先，随着市场对高压共轨的认同不断提高，博世汽柴后期有望持续稳健地增长。

中联电子贡献投资收益稳定，跟随乘用车市场增长。旗下合资公司联合电子占到国内电控市场40%的市场份额，优势难以改变，但进一步增加市场份额也显得更加困难，未来联合电子的增长主要依赖于整个乘用车市场的增长。上半年受益于乘用车高速增长，业绩高速增长，今年上半年净利润为2.4亿元，贡献投资收益0.48亿元。未来增速将同步于乘用车行业增速。

威孚金宁为高端轻型车、皮卡、SUV、MPV国三标准柴油发动机配套的电控VE泵上半年销量超过8万套，比去年同期翻了近2番，该产品在市场处于垄断地位，预计产品毛利率超过30%。威孚金宁未来还将受益于轻型商用车排放升级。VE泵可以升级到国四标准，公司正在进行开发与试生产。

（2）收购宁波天力，增压器将成利润新增长点。

宁波天力目前的主要产品为中小型柴油机增压器，汽油机增压器项目已有技术及产品的储备。汽油机涡轮增压器成本低，可以提高燃油经济性5%～10%。目前国内市场装机率低，公司看好未来增压器行业的发展前景及宁波天力的技术研发能力，结合自身渠道的优势，有望开辟出另一个盈利点。

（3）国Ⅳ排放法规实施时间表出台将进一步提升公司竞争力。

公司相关技术研发一直走在同行前列，2012年国Ⅳ可能正式实施，公司有望在竞争中占得先机，成长空间值得期待。

根据国都证券的预测，公司2010—2012年每股收益为1.23元、1.55元、1.78元，对应2010—2012年动态市盈率分别为14倍、11倍和10倍。

我们看到，威孚高科受益于子公司进入收获期，业绩率先爆发式增长，同时公司的技术同行业领先，核心竞争优势非常明显，同时公司的业绩非常优秀，市盈率低，具有十足的安全边际。在如此优异的基本面状况刺激下，威孚高科股价在震荡市场快速上涨成为中线牛股是意料之中的事情。对于投资者来说，只要在其股价发动中线上涨行情初期介入做多，便可以获得非常不错的收益。

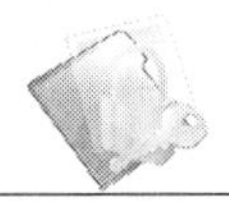

三、短线做多

短线做多，多发生在震荡行情和大盘处于下跌阶段的反弹行情中，在大盘环境并不是十分理想的情况下，主力并没有长期的时间准备。此时，他们往往会发动涨势快速的短期上涨行情，如果我们要想掌握好此种盈利模式，就必须要懂得投资短期龙头股。

短期龙头股的爆发往往是借助某种利好消息或者题材，主力乘势拉升，一气呵成，一旦上涨势头减弱，股价随时可能快速进入下跌通道。

下面我们就来看几个短期龙头股的投资案例。

我们来看案例一。

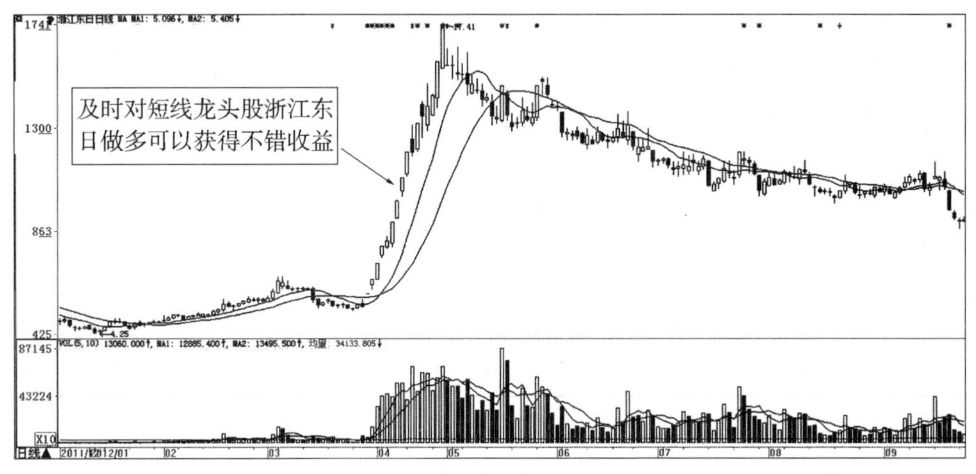

图 7－5

浙江东日（600113）是一家从事房地产销售、租赁以及物业管理等业务的公司。公司由浙江东方集团公司独家发起，以集团公司下属全资企业管道公司、东方灯具大市场为主体进行股份制改组，拟采用募集方式设立的股份公司。1997 年 6 月获浙江省工商行政管理局企业名称预先核准通知书，公司发起人于 1974 年成立，1989 年 2 月经批准集团成立。1997 年 10 月，公司股票登录上海交易日，发行 4000 万股，募集资金 2. 228 亿元。

图 7－5 所示的是浙江东日自 2011 年 12 月至 2012 年 9 月这段时间的日 K 线图。伴随着近几年国家对房地产的调控政策，浙江东日这只股票几

乎一直处于下降通道中，表现平平，几乎淡出了人们的视线。然而，一则金改政策打破了浙江东日的平静，2012 年 3 月 28 日，国务院常务会议决定设立温州金融综合改革试验区，批准实施温州市金融综合改革试验区总体方案，确定金改任务包括制定民间融资管理办法、发展新型金融组织、开展个人境外直投试点等共计 12 项。

在此项政策刺激下，2012 年 3 月 29 日，浙江东日股价封于一字涨停板，此后便成为金改概念的龙头股。随后股价一路狂飙，短短 16 个交易日股价上涨了 219%，对于这样的短期龙头股，我们一定要在其股价上涨初期便及时介入做多，以免买在高位被套牢。

我们来看案例二。

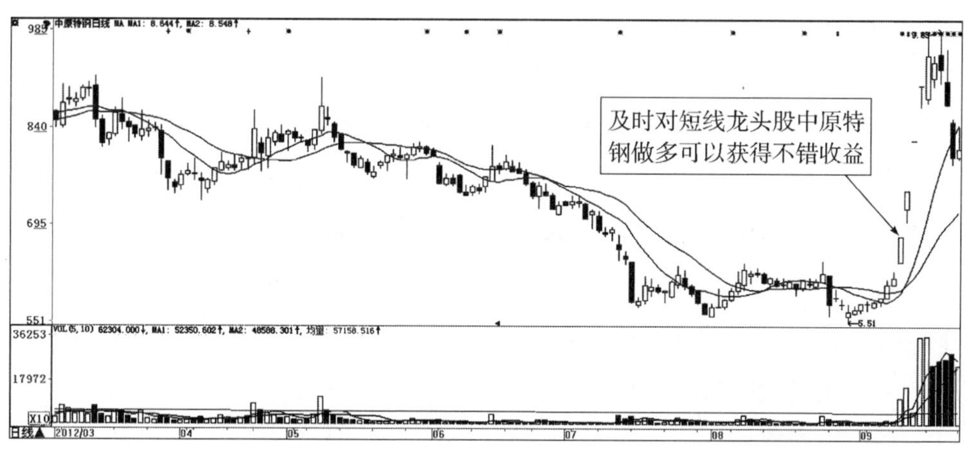

图 7－6

中原特钢（002423）是一家从事工业专用装备及大型特殊钢精锻件的研发、生产、销售和服务的公司。2004 年 12 月 29 日在原河南中原特殊钢厂基础上变更成立河南中原特殊钢集团有限责任公司，2007 年 6 月 25 日，河南中原特殊钢集团有限责任公司通过股东会决议，决定整体变更为股份有限公司。2010 年 6 月，公司股票登录深圳交易所，发行 7900 万股，募集资金 7.11 亿元。

图 7－6 所示的是中原特钢自 2012 年 3 ～ 9 月这段时间的日 K 线图。2012 年 9 月中旬，中日钓鱼岛事件升级，日本政府单方面购买钓鱼岛，一时间，军工板块异军突起，主营特种钢材的中原特钢股价快速上涨，成为

军工板块的龙头股。对于这样的题材股，我们一定要在其股价初涨期及早介入做多，一旦我们错过介入时机，在股价已经大幅上涨后不可贸然买入。

第二节　套利

关于套利笔者在此介绍两种，震荡趋势套利和信息套利。

一、震荡趋势套利

在大盘处于牛市时，选择涨势凌厉的股票是我们的首选。在大盘处于震荡阶段，同时市场股票非常活跃时，利用震荡股票获利并不是一种好的选择，而在震荡市场阶段，当股票并不活跃，盈利效应并不明显时，此时，利用震荡股票套利的优势就显现出来了，在市场处于下跌的弱势市场中，有时我们同样可以运用震荡趋势套利。

下面我们就来看看利用震荡趋势套利的案例。

我们来看案例一。

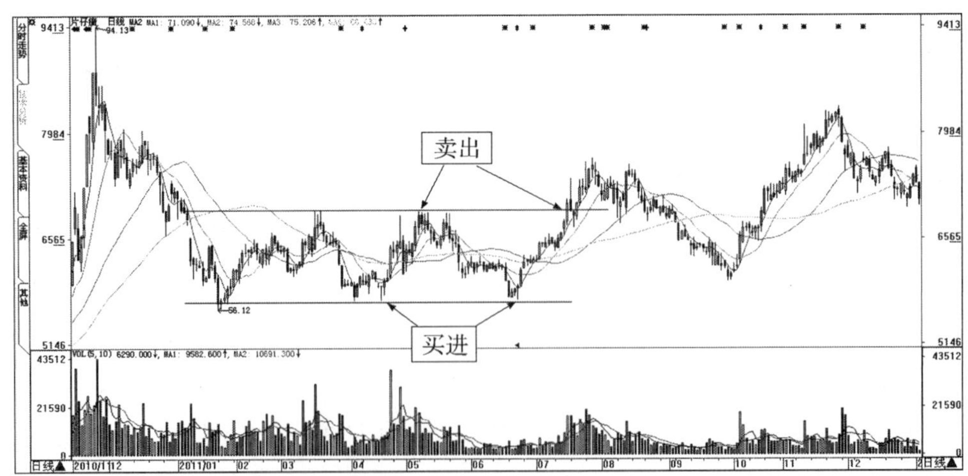

图 7－7

图7-7所示的是片仔癀（600436）自2010年11月至2011年12月这段时间的日K线图。通过该图，我们发现，片仔癀自2010年11月调整之后，股价便回归震荡整理走势。2010年1月后，虽然大盘经历了一波较强的反弹，但是片仔癀涨幅不大，并且已经于2011年3月中旬先于大盘见顶下调，至大盘4月见顶时，片仔癀已经达到阶段底部区，正式形成了矩形震荡格局，此时我们就可以果断介入片仔癀做横盘整理套利，至2011年5月，片仔癀达到前期震荡高点，我们可以抛出，这一波段我们可以获利15%。随后片仔癀于2011年6月在此跌至震荡低点，我们再次买进套利，2011年7月15日，片仔癀在此达到前期震荡高点，我们再度抛出，获利19%。

从4～7月下跌以来，大盘最高下跌了14%，而我们却获利36%，这个收益已经远远领先于大盘近50个百分点。

另外，我们敢于在大盘弱势时购买片仔癀套利，不仅仅因为其处于矩形震荡格局，更加重要的是基于其基本面的情况。

我们看看国都证券对片仔癀的调研要点：

1. 片仔癀提价放量，净利润大幅增长。公司一季度实现净利润6，550.19万元，同比大幅增长95.53%，超过市场预期。公司净利润大幅增长的原因是主导产品片仔癀提价放量所致。公司发布提价公告，从2011年1月1日起片仔癀内销价格调整为220元人民币/每粒，提价10%；外销价格调整为24美元/每粒，提价17%。我们预计片仔癀提价后，仍有10%以上的销量增长，预计一季度片仔癀销售收入约1.2亿元。由于片仔癀占公司业务结构的80%以上，提价使产品毛利率小幅上升，致公司收入增幅大于成本增幅。公司未来根据中药材价格还可能对片仔癀进行提价，将成本压力转嫁至消费终端，因此中药材涨价对公司整体毛利率的影响较小。

2. 药妆系列增势显著，有望成为公司新的利润增长点。今年公司计划把化妆品和日化产品作为新的经济增长点，因此增资对子公司片仔癀化妆品公司进行搬迁改造，并加大对片仔癀药妆的广告投入。品牌中药在药妆、日化产品等大健康领域延伸的优势显著，2010年我国药妆市场约为480亿元，未来仍将保持20%的年增长率。目前拥有药妆系列的中药上市公司较少，公司无疑是中药药妆系列的领军人，有望充分分享行业增长带

来的收益。我们预计一季度药妆系列销售收入同比增长在70%以上，未来有望成为公司新的利润增长点。

3. 盈利能力稍有改善。公司一季度综合毛利率同比上升10.8%，盈利能力微幅提升。毛利率提升系主导产品片仔癀提价放量所致，其他产品增长平稳。一季度公司销售费用率大幅提高，同比增长133.37%，主要原因是子公司福建片仔癀化妆品公司为增加销售，加大产品宣传广告投入所致。

4. 首次给予公司“短期—推荐，长期—A”的投资评级。我们预计公司2011—2013年的每股收益分别为1.57元、1.82元、2.11元，目前股价对应2011—2013年的动态市盈率分别为42倍、36倍和31倍。我们认为未来公司片仔癀产品仍有提价预期，且VIP营销策略成效较为显著，公司业绩还有可能超过预期，我们首次给予公司“短期—推荐，长期—A”的投资评级。

通过大券商的调研报告我们发现，片仔癀能够维持如此高价，的确是因为其良好的业绩，自2008年以来，片仔癀的年度每股收益基本都在1元以上，且近年来有加速增长之势。

强大的业绩支撑和安全边际是我们在大盘处于弱势阶段敢于大手笔参与横盘调整套利的根本原因。

我们来看案例二。

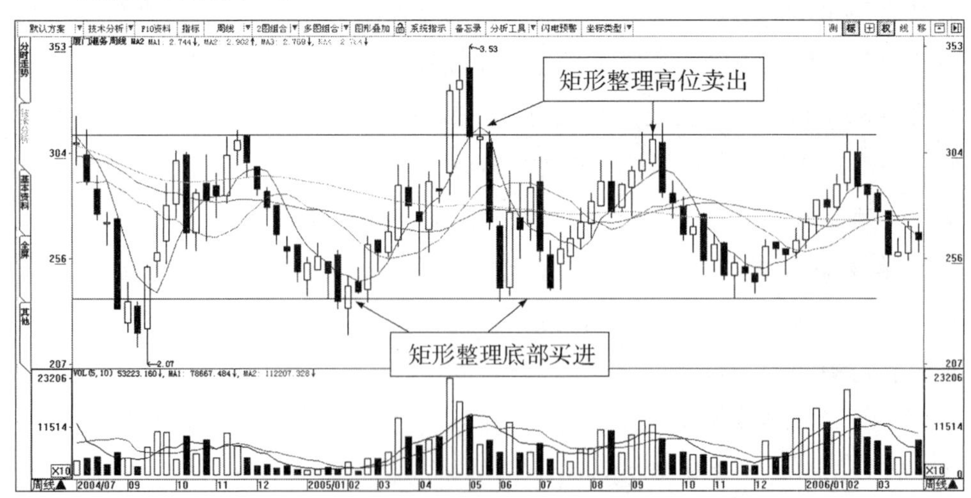

图7-8

图7－8所示的是厦门港务（000905）自2004年4月至2006年3月的周K线图。我们知道2001年6月开始的一轮熊市持续了近4年，在经历了2002年1月至2004年9月这两年多的下跌中的震荡盘整行情之后，上证指数终于还是以迅猛之势杀跌下来，自2004年9月至2005年6月这段时间，上证指数1496点最低跌至998点，下跌幅度达到了31%。这轮熊市的最后一波下跌杀伤力极大，众多有实力的券商机构都是倒在这样一波杀跌之中。

然而在这样的阶段仍然能够独善其身的股票非常稀少，厦门港务就是其中一只，尤其身处港口这个防御性较强的行业。在2004年其业绩也算中规中矩，每股收益达到0.33元，但相对于其低廉的价格，其估值水平已经很低了。

从图7－8我们看到，厦门港务在这轮大盘最后下跌中一只维持着矩形横盘整理的走势，两次从震荡地步买进至震荡高点卖出可分别获利38%和28%，在大盘处于这样弱势的情况下，仍然能有利润实属难得。

但是在大盘处于极端的下跌行情下，除非找到类似于厦门港务这样的股票，否则不可轻易套利。

与厦门港务类似的，还有我们之前所说到的粤高速等股票都具有横盘整理的特点，在2004年这波下跌浪中均可以获得一定的套利收益。

大盘处于下跌段的震荡行情中，由于完美下跌段中几乎没有获利的机会，因此在大盘处于下跌浪中的震荡行情时，我们可以选取那些非周期性防御性质非常明显且业绩不错的股票。类似公路，港口以及电力等行业的高安全边际且流通性非常好的股票，进行套利，赚取短期差价。

二、信息套利

利用信息套利又可以成为事件性套利，比如一些上市公司承诺在一年内股票价格不低于公布的定向增发价格，而当前股价低于此价格，此时，就有可能给我们带来盈利机会。而有的上市公司可能公布增持方案，当股价跌至某价位时，会出现大幅的增持，等等，这些消息都有可能刺激股价

的上涨，虽然上涨的幅度可能有限，但是也可以给我们带来套利的机会。

下面我们就来看一些案例。

我们来看案例一。

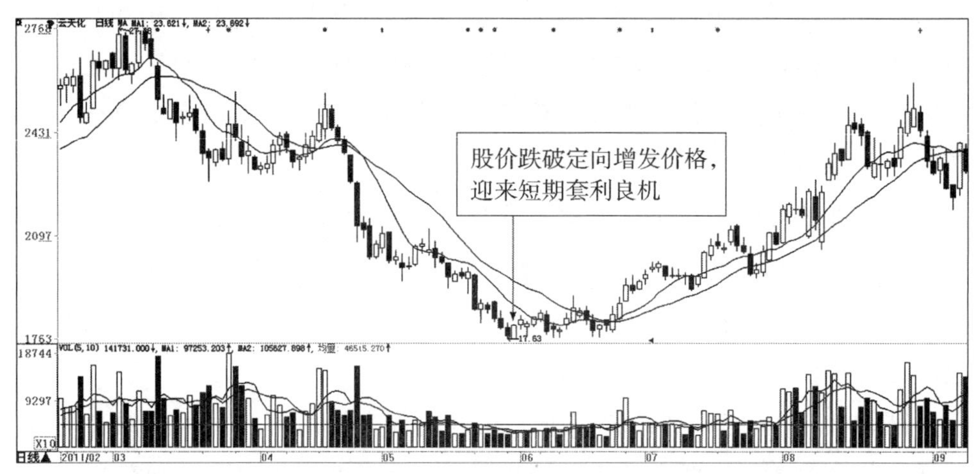

图 7－9

云天化（600096）是一家从事化肥、化工原料及产品的生产、销售的公司。公司是 1997 年经云南省人民政府“云政复〔1997〕36 号”文批准，由云天化集团有限责任公司（以下简称“云天化集团”）独家发起，以募集方式设立的上市公司。公司社会公众股（A 股）于 1997 年 7 月 9 日在上海证券交易所挂牌交易，内部职工股已于 1998 年 1 月 9 日上市交易。1997 年 7 月，公司股票登录上海交易所，发行 1 亿股，募集资金 6.21 亿元。

图 7－9 所示的是云天化自 2011 年 2 ～ 9 月这段时间的日 K 线图。2011 年 5 月 24 日，云天化发布公告称以 17.93 元/股完成定向增发 1.03 亿股事宜，此后 5 个交易日，云天化股价一路下挫，跌至 17.63 元，低于定向增发的价格，迎来了短期套利的机会。此后，云天化股价迎来一波为期 3 个月的上涨行情，涨幅达到 41%。如果我们在其股价跌破增发价附近介入，那便可以完成在弱市市场的一次信息套利。

我们来看案例二。

特发信息（000070）是一家从事光纤、光缆及光纤预制棒、电子元器件、通信设备生产、计算机网络系统集成、通信信息服务、国内商业、物

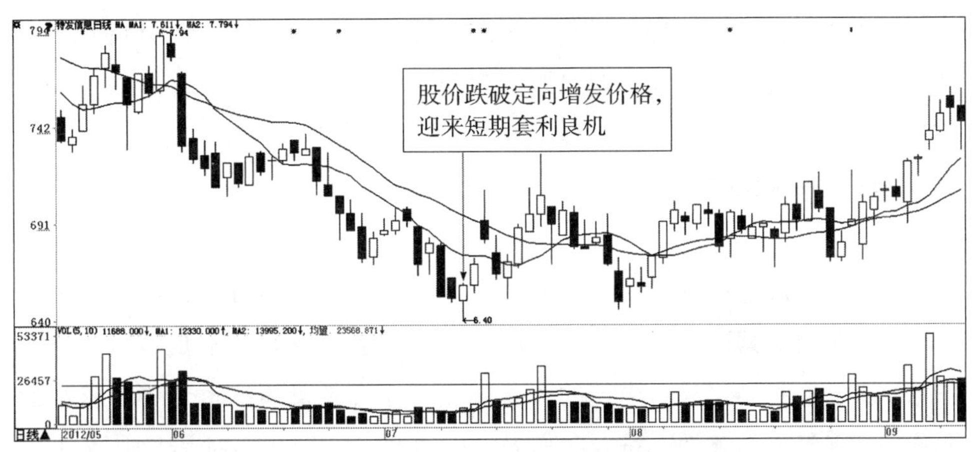

图 7－10

质供销等业务的公司。公司系经深圳市人民政府深府办〔1999〕70 号文批准，由深圳经济特区发展（集团）公司、深圳市通讯工业股份有限公司、企荣贸易有限公司、深圳市特发龙飞无线电通讯发展有限公司等七家发起人以各自拥有从事通讯及信息相关产业的所有资产（扣除相关负债后）折价入股而发起设立。2000 年 5 月，公司股票登录深圳交易所，发行 7000 万股，募集资金 5.53 亿元。

图 7－10 所示的是特发信息自 2012 年 5～9 月这段时间的日 K 线图。2012 年 6 月 19 日，特发信息发布公告称发审委核准了其非公开发行事宜，定向增发发行价格不低于 6.64 元。此后，特发信息股价一路下挫，跌至 6.4 元，跌破了定向增发的价格，迎来了买入套利的时机，此后，特发信息股价在弱市中累计上涨了 15%，给我们带来非常不错的弱势获利机会。

第三节　做空

2010 年 4 月，股指期货正式登录中国市场，从此改变了中国股市单一的买入机制，做空机制的引入，再在逐步地改变着中国股票市场的盈利模式和格局。

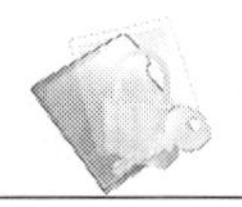

在此，笔者介绍几种与的做空机制有关的盈利模式，单一品种做空、股票与股指期货对冲、同行业股票的对冲。

一、单一品种做空

单一品种做空指的是，我们通过分析，觉得某股票可能将会走入下跌行情，而我们对其进行卖空。对于单一卖空股票，我们并不是紧紧只要卖空就可以了，我们要分析当前的大盘环境，分析股票的技术走势和基本面状况，只有各方面条件都符合我们做空的思路，我们才能对其实施做空。

上海证券交易所和深圳证券交易所 2010 年 2 月 12 日宣布，融资融券试点初期，标的证券范围确定为与上证 50 指数成分股与深证成指成分股范围相同，共有 90 只股票入选融资融券标的股票。

2011 年 12 月 5 日，融资融券标的股扩容正式实施，7 只交易型开放式指数基金（ETF）成为新标的品种，融资融券的标的证券扩容至 287 只。

我们来看一下当前中国股市可以用于做空的证券列表。

表 7－1

序号	证券代码	证券简称	序号	证券代码	证券简称	序号	证券代码	证券简称
1	000001	平安银行	97	002202	金风科技	193	600600	青岛啤酒
2	000002	万　科 A	98	002304	洋河股份	194	600622	嘉宝集团
3	000009	中国宝安	99	159901	深 100ETF	195	600635	大众公用
4	000012	南　玻 A	100	159902	中 小 板	196	600638	新黄浦
5	000021	长城开发	101	159903	深成 ETF	197	600641	万业企业
6	000024	招商地产	102	159919	300ETF	198	600642	申能股份
7	000031	中粮地产	103	510010	治理 ETF	199	600643	爱建股份
8	000039	中集集团	104	510050	50ETF	200	600649	城投控股
9	000059	辽通化工	105	510180	180ETF	201	600655	豫园商城
10	000060	中金岭南	106	510300	300ETF	202	600657	信达地产
11	000061	农 产 品	107	510880	红利 ETF	203	600660	福耀玻璃

续表

序号	证券代码	证券简称	序号	证券代码	证券简称	序号	证券代码	证券简称
12	000063	中兴通讯	108	600000	浦发银行	204	600663	陆家嘴
13	000069	华侨城 A	109	600005	武钢股份	205	600664	哈药股份
14	000100	TCL 集团	110	600009	上海机场	206	600674	川投能源
15	000157	中联重科	111	600010	包钢股份	207	600675	中华企业
16	000338	潍柴动力	112	600015	华夏银行	208	600690	青岛海尔
17	000400	许继电气	113	600016	民生银行	209	600703	三安光电
18	000401	冀东水泥	114	600019	宝钢股份	210	600736	苏州高新
19	000402	金 融 街	115	600028	中国石化	211	600737	中粮屯河
20	000422	湖北宜化	116	600029	南方航空	212	600739	辽宁成大
21	000423	东阿阿胶	117	600030	中信证券	213	600741	华域汽车
22	000425	徐工机械	118	600031	三一重工	214	600747	大连控股
23	000503	海虹控股	119	600036	招商银行	215	600748	上实发展
24	000522	白云山 A	120	600037	歌华有线	216	600759	正和股份
25	000527	美的电器	121	600048	保利地产	217	600773	西藏城投
26	000528	柳 工	122	600050	中国联通	218	600795	国电电力
27	000538	云南白药	123	600058	五矿发展	219	600804	鹏博士
28	000540	中天城投	124	600064	南京高科	220	600811	东方集团
29	000541	佛山照明	125	600068	葛洲坝	221	600812	华北制药
30	000550	江铃汽车	126	600085	同仁堂	222	600823	世茂股份
31	000559	万向钱潮	127	600089	特变电工	223	600832	东方明珠
32	000562	宏源证券	128	600096	云天化	224	600837	海通证券
33	000568	泸州老窖	129	600100	同方股份	225	600863	内蒙华电
34	000581	威孚高科	130	600104	上汽集团	226	600872	中炬高新
35	000612	焦作万方	131	600108	亚盛集团	227	600875	东方电气
36	000623	吉林敖东	132	600109	国金证券	228	600879	航天电子
37	000625	长安汽车	133	600111	包钢稀土	229	600884	杉杉股份
38	000629	攀钢钒钛	134	600115	东方航空	230	600887	伊利股份
39	000630	铜陵有色	135	600118	中国卫星	231	600895	张江高科
40	000651	格力电器	136	600123	兰花科创	232	600900	长江电力
41	000652	泰达股份	137	600132	重庆啤酒	233	600997	开滦股份

续表

序号	证券代码	证券简称	序号	证券代码	证券简称	序号	证券代码	证券简称
42	000655	金岭矿业	138	600150	中国船舶	234	600999	招商证券
43	000680	山推股份	139	600151	航天机电	235	601001	大同煤业
44	000686	东北证券	140	600158	中体产业	236	601006	大秦铁路
45	000690	宝新能源	141	600160	巨化股份	237	601009	南京银行
46	000709	河北钢铁	142	600166	福田汽车	238	601018	宁波港
47	000718	苏宁环球	143	600169	太原重工	239	601088	中国神华
48	000728	国元证券	144	600173	卧龙地产	240	601099	太平洋
49	000729	燕京啤酒	145	600175	美都控股	241	601101	昊华能源
50	000758	中色股份	146	600177	雅戈尔	242	601106	中国一重
51	000762	西藏矿业	147	600183	生益科技	243	601111	中国国航
52	000768	西飞国际	148	600188	兖州煤业	244	601117	中国化学
53	000776	广发证券	149	600196	复星医药	245	601118	海南橡胶
54	000778	新兴铸管	150	600208	新湖中宝	246	601158	重庆水务
55	000780	平庄能源	151	600216	浙江医药	247	601166	兴业银行
56	000783	长江证券	152	600219	南山铝业	248	601168	西部矿业
57	000786	北新建材	153	600220	江苏阳光	249	601169	北京银行
58	000792	盐湖股份	154	600221	海南航空	250	601179	中国西电
59	000793	华闻传媒	155	600239	云南城投	251	601186	中国铁建
60	000800	一汽轿车	156	600246	万通地产	252	601268	二重重装
61	000825	太钢不锈	157	600252	中恒集团	253	601288	农业银行
62	000829	天音控股	158	600256	广汇能源	254	601299	中国北车
63	000839	中信国安	159	600259	广晟有色	255	601318	XD 中国平安
64	000858	五 粮 液	160	600266	北京城建	256	601328	交通银行
65	000869	张　裕 A	161	600271	航天信息	257	601377	兴业证券
66	000876	新 希 望	162	600309	烟台万华	258	601390	中国中铁
67	000878	云南铜业	163	600320	振华重工	259	601398	工商银行
68	000895	双汇发展	164	600322	天房发展	260	601588	北辰实业
69	000897	津滨发展	165	600325	华发股份	261	601600	中国铝业
70	000898	鞍钢股份	166	600331	宏达股份	262	601601	中国太保
71	000917	电广传媒	167	600348	阳泉煤业	263	601607	上海医药

续表

序号	证券代码	证券简称	序号	证券代码	证券简称	序号	证券代码	证券简称
72	000927	一汽夏利	168	600352	浙江龙盛	264	601618	中国中冶
73	000930	中粮生化	169	600362	江西铜业	265	601628	中国人寿
74	000933	神火股份	170	600369	西南证券	266	601666	平煤股份
75	000937	冀中能源	171	600376	首开股份	267	601668	中国建筑
76	000960	锡业股份	172	600383	金地集团	268	601688	华泰证券
77	000968	煤 气 化	173	600395	盘江股份	269	601699	潞安环能
78	000969	安泰科技	174	600406	国电南瑞	270	601717	郑煤机
79	000983	西山煤电	175	600415	小商品城	271	601718	际华集团
80	000999	华润三九	176	600418	江淮汽车	272	601727	上海电气
81	002001	新 和 成	177	600432	吉恩镍业	273	601766	中国南车
82	002007	华兰生物	178	600489	中金黄金	274	601788	光大证券
83	002008	大族激光	179	600497	驰宏锌锗	275	601808	中海油服
84	002022	科华生物	180	600508	上海能源	276	601818	光大银行
85	002024	苏宁电器	181	600516	方大炭素	277	601857	中国石油
86	002028	思源电气	182	600518	康美药业	278	601866	中海集运
87	002056	横店东磁	183	600519	贵州茅台	279	601888	中国国旅
88	002069	獐 子 岛	184	600528	中铁二局	280	601898	中煤能源
89	002081	金 螳 螂	185	600547	山东黄金	281	601899	紫金矿业
90	002092	中泰化学	186	600549	厦门钨业	282	601919	中国远洋
91	002106	莱宝高科	187	600550	天威保变	283	601939	建设银行
92	002122	天马股份	188	600583	海油工程	284	601958	金钼股份
93	002128	露天煤业	189	600584	长电科技	285	601988	中国银行
94	002142	宁波银行	190	600585	海螺水泥	286	601989	中国重工
95	002146	荣盛发展	191	600595	中孚实业	287	601998	中信银行
96	002155	辰州矿业	192	600598	北大荒			

表 7－1 所示的是当前沪深股市可以融券做空的证券列表。

融券的费用按证券公司与投资者签订的融资融券合同中规定的融券品种费率乘以融券发生当日融券市值、占用天数计算，融券费用在投资者偿还融券时由证券公司一并从投资者信用资金账户中收取或按照合同约定的

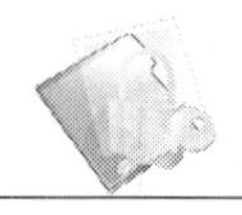

方式收取。2010 年 3 月我国第一批入围首批融资融券试点名单各家券商目前正陆续公布投资融资融券业务成本，融资利率初定为 7.86%，融券费率则在 9% ～ 10% 之间。也就是说，我们融券做空一只股票的年成本在 9% ～ 10%之间。表 7－1 所示的可以做空的 287 只证券大部分都属于中大盘股，由于我们融资融券的成本偏高，所以，我们一定要选择那些可融券波动率较大的股票进行做空，只有这样，我们才能获得不错的收益。

下面我们来看几个做空的案例。

我们来看案例一。

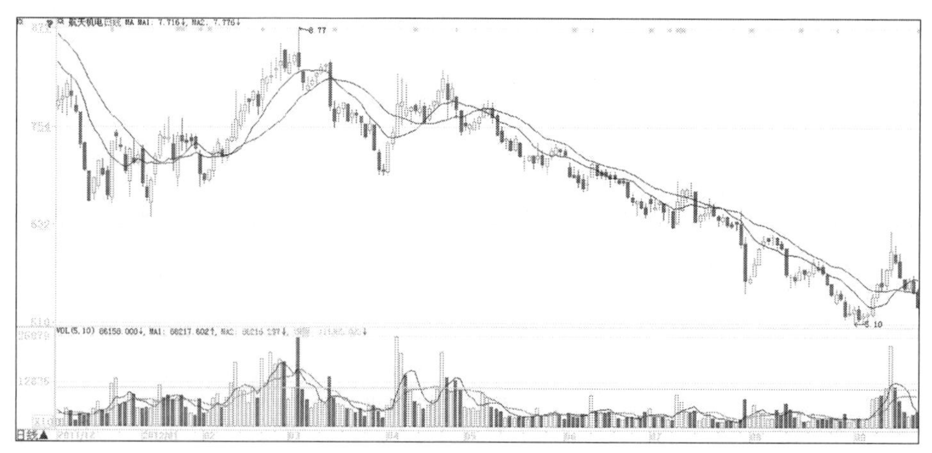

图 7－11

图 7－11 是航天机电自 2011 年 12 月至 2012 年 9 月这段时间的日 K 线图。2012 年 1 月末，公司发布公告称，预计 2011 年度净利润同比下降 90% 以上，时隔不久，2012 年 4 月底，航天机电再次发布公告，称 2012 年一季度每股收益为－0.115 元，净利润同比由盈转亏，可见，航天机电的业绩正在加速下滑，是我们做空的好标的，我们可以在 2012 年 4 月末对其进行做空，至 2012 年 9 月下旬，航天机电股价下跌了 34%，即使扣除融券的成本，我们至少可以获利 30% 以上。

我们继续来看案例二。

图 7－12 是泰达股份自 2011 年 11 月至 2012 年 9 月这段时间的日 K 线图。2012 年 1 月末，公司发布公告称，预计 2011 年 1 ～ 12 月净利润同比

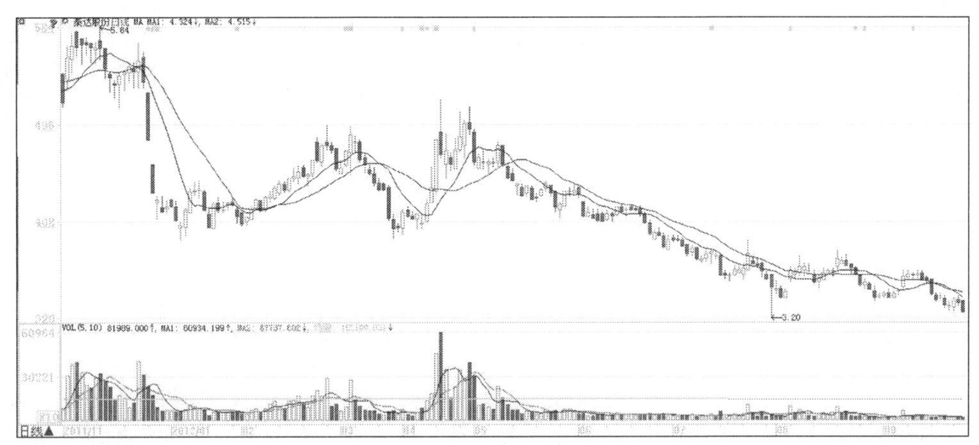

图 7－12

下降 90%～100%，时隔不久，2012 年 5 月初，泰达股份再次发布公告，称 2012 年一季度每股收益为－0.0549 元，净利润－8098.85 万元，可见，泰达股份的业绩正在加速下滑，是我们做空的好标的，我们可以在 2012 年 5 月初对其进行做空，至 2012 年 9 月下旬，泰达股份股价下跌了 34%，即使扣除融券的成本，我们至少可以获利 30% 以上。

从上面的两个做空案例可以看到，做空机制的引入，一举打破了中国股市单边市的格局，丰富了投资者的盈利模式。

二、股票与股指期货对冲

在大盘处于震荡市场下跌阶段或者大盘处于下跌趋势中的弱势行情中时，如果我们想购买那些基本面非常优秀，股价同时也处于上涨行情的股票时，由于担心这类股票可能会受大盘拖累而下跌，此时我们就可以做多这些股票，同时做空与所买入仓位市值相当的股指期货。

下面我们就来看一些投资案例。

我们来看一个案例。

图 7－13 所示的是贵州茅台（600519）与股指期货当月连续指数的日 K 线叠加图。进入 2012 年 5 月之后，大盘继续走弱，而贵州茅台仍处于上

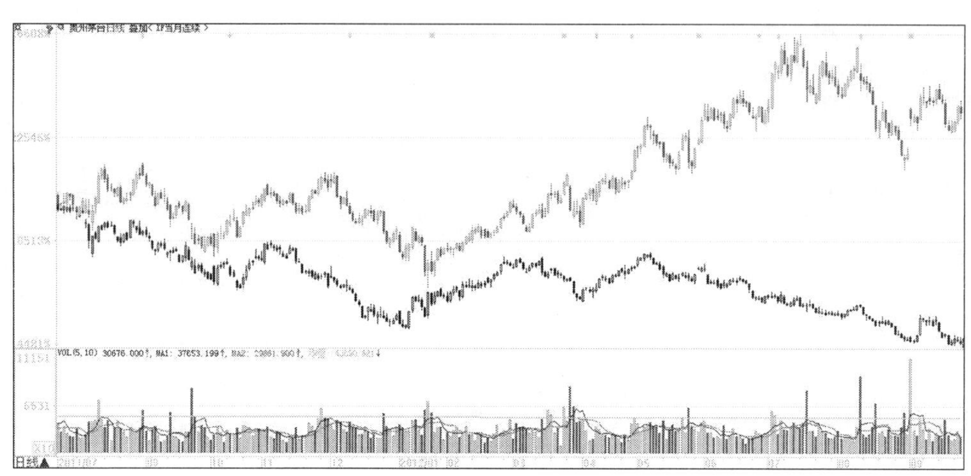

图 7－13

涨趋势，对于那些想购买贵州茅台获利防御性收益的投资者来说，非常担心大盘继续下挫，买入贵州茅台会造成亏损，如果就此放弃购买贵州茅台又于心不忍，在这样的情况下，投资者可以购买一定仓位的贵州茅台，同时做空等仓位的沪深300股指期货。假设投资者买入100万元的贵州茅台，那么同时做空股指期货合约价值达到100万元，这样我们来看随后的情况，自2012年5月18日至9月26日，贵州茅台累计上涨9.19%，同期沪深300股指期货指数下跌15.48%，假设我们用10倍杠杆构造100万元的股指期货合约（为了便于理解，笔者只以此案例作为讲解，不考虑实际中的合约价值），我们的总投入是110万元，获利为24.67万元，总收益为22.4%。

可见，利用股指期货与股票的对冲，我们可以在大盘处于下跌浪中获取正收益。

三、同行业股票的对冲

此种方法是在某一种行业内，选择那些基本面和技术面都非常优秀的股票进行做多，与此同时，选择那些同行业中基本面差，同时技术面也非常糟糕的股票进行做空，做多和做空保持着相当的仓位。那么如果大市向上，哪些行业中的龙头股有可能快速上涨，而哪些业绩差的股票可能也会小幅上涨，但是，总体来说，我们获利的概率很大；相反，如果市场向下，那些业绩和技术面都不尽如人意的股票往往会领跌，而那些行业龙头股往往跌幅不大，此时，我们总体获利的胜算仍然很大。

但是，由于中国股票市场的融券品种只有 287 只，这么少的投资标的很难让我们采集到同行业内的绩差股，因此，此种方法在目前中国股票市场实施仍然具有障碍，但是，相信随着中国股票的发展，融券的品种也会逐步增加，相信这种方法会在不远的将来得到真正的实施。

参考文献

[1] 程昆，刘仁和. QFII对中国股票市场的中外比较 . 财经视线，2005.

[2] 乐嘉春. 从中国股市结构性变化看流动性压力. 中国证券报，2012，4.

[3] 永昌. 中国股市面临第二十大变化，2001.

[4] 韩志国. 中国股市运行格局的变化趋势. 经济参考报，2001.